2020 트렌드 노트

2020 트렌드노트

—— 혼자만의 시공간 ——

염한결 · 이원희 · 박현영 · 이예은 · 구지원 · 김정구 · 정유라 지음

북스톤

생활변화관측법

: 생활변화관측소 박현영 소장 인터뷰

▌ Q. 생활변화관측소는 어떤 곳인가요?

▌ A. 생활변화관측소는 데이터를 통해 생활의 변화를 관측하는 곳입니다. 좀 더 구체적으로는 소셜빅데이터에서 뜨고 지는 말을 통해 사회를 관찰합니다. 관찰된 결과를 7개 인사이트 노트로 만들어서 매월 구독자에게 전달합니다. 뜨고 지는 키워드를 포착하기 위해 빅데이터 엔진이 큰 도움을 주지만, 의미 있는 것을 선택하고 해석하는 것은 아직은 사람의 몫입니다.

▌ Q. '아직은'이라는 단서를 붙인 것은 언젠가는 사람이 하지 않게 될 거라는 뜻인가요?

▌ A. 네, 빠른 시간 내에 그렇게 될 겁니다. 그래서 저희는 스스로 '마지막 데이터 해석자'라고 말하곤 합니다. 다음소프트에서도 이미 인공지능 리포트가 출시되었고요. 기계가 의미 선별을 못하는 것이 아니라 기계의 의미를 사람이 이해하지 못하기 때문에, 즉 사람을 이해시키기 위해 아직은 인간 중재자인 데이터 해석자가 필요합니다.

Q. 뜨고 지는 키워드를 어떻게 포착하나요?

A. 키워드를 걸어놓고 언급 횟수가 크게 증가한 것들을 포착하면 될 것 같지만, 실제로는 그렇게 단순하지 않습니다. 새로 생긴 신조어는 언제나 뜰 수밖에 없습니다. 뜨는 키워드에서 '뜬다'를 어떻게 정의할 것인가도 복잡한 문제입니다. '얼마나 증가한 것을 뜨는 것으로 볼 것인가?', '얼마나 먼 과거와 비교할 것인가?', 가장 까다로운 문제인 '특정 할인이나 이벤트, 사건 사고에 따른 돌발적인 증가를 어떻게 이해할 것인가?' 등 뜨는 키워드를 정의하기란 생각보다 어렵습니다.

생활변화관측소에서 뜨는 키워드를 포착하는 방법은 크게 3가지입니다. 최소 1년 이상의 기간을 두고 지속적으로 증가하는 것, 특정 키워드 세트 내에서 순위가 역전되는 것, 마지막으로 같은 단어의 패턴이 반복되는 것을 포착하도록 되어 있습니다.

하나씩 예를 들어보지요.

첫째, 지속적으로 증가하는 것. 예를 들면 '코인노래방'은 지난 3년 동안 8배 성장했습니다. 코인노래방이 새로 나타난 시설은 아니어서 이게 트렌드라고 하면 동의하지 않으실지도 모릅니다. 하지만 코인노래방이 이렇게까지 많이 언급되는 이유를 생각해보아야 합니다. 노래방에는 있지만 코인노래방에는 없는 것이 있죠. 바로 '술자리', '모임', '회식'입니다. 코인노래방은 근본적으로 회식을 할 수 없는 구조입니다. 코인노래방의 상승이 보여주는 함의는 '불편한 사회성을 제거한 것을 이 시대가 원한다'라고 할 수 있겠습니다.

〈'코인노래방' vs '혼코노' 언급 추이〉

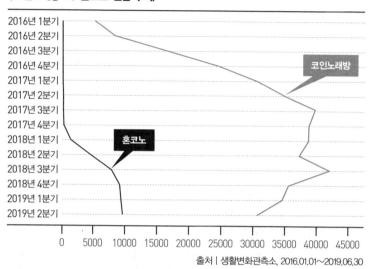

출처 | 생활변화관측소, 2016.01.01~2019.06.30

〈'넷플릭스' vs 지상파 언급 추이〉

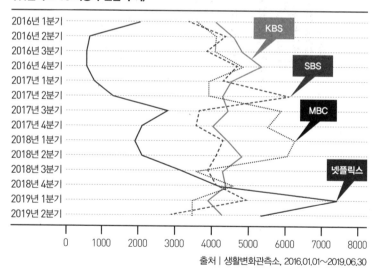

출처 | 생활변화관측소, 2016.01.01~2019.06.30

〈'혼○' 키워드〉

출처 | 생활변화관측소, 2016.01.01~2019.08.31

둘째, 특정 키워드 세트 내에서 순위가 역전되는 것. 방송 플랫폼 브랜드의 언급량을 비교해보면, 2019년 1월을 기점으로 넷플릭스가 SBS, KBS, MBC를 역전했습니다. 지상파는 '실내'에서 '가족'과 함께 '예능' 혹은 '먹방'을 시청하는 특징을 지닙니다. 반면 넷플릭스는 '맞춤' 콘텐츠를 '추천'받아 '혼자'만의 미타임을 즐기는 특징을 보이죠. 새로 등장한 서비스는 으레 뜨기 마련입니다. 그중 새로운 친구가 기존의 친구를 역전하는 것, 단순히 대체하는 것이 아니라 새로운 가치를 제공하는 것에는 주목해야겠지요.

셋째, 단어의 패턴이 반복되는 것. 2013년 '혼밥'이 처음 등장한 이래 2018년 유사한 패턴의 키워드가 39개까지 증가했습니다. '혼술', '혼영', '혼커', '혼스시', 지금은 '혼라이프'라는 말까지 광고에 등장했지요. 생활변화관측소는 신조어에 주목하지는 않지만 신조어의 외연이 넓어지는 것은 포착합니다. '혼○' 단어들의 공통적인 특징은 나만의 즐거움을 표현한다는 것입니다. 설거지나 빨래 같은 집안일도 대부분 혼자 하지만 '혼설', '혼빨'과 같은 단어는 생겨나지 않습니다. 그럴 때는 오히려 '독박육아'처럼 당연히 같이 해야 할 일을 나 혼자 하고 있다는 불평의 뉘앙스를 전달하죠. '혼밥'이나 '혼술'을 '밥 먹을 사람조차 없다'는 등 관계를 제대로 맺지 못하는 부정적인 뉘앙스로 읽은 일부 언론도 있었지만, '혼○'은 관계 단절이 아니라 자발적으로 자기만의 즐거움을 찾아가는 적극적인 즐거움의 표현어입니다.

Q. 생활의 변화를 지속적으로 관찰하고 계신데요, '우리 사회가 이런 방향으로 가고 있다'는 식으로 생활변화 방향성을 말씀해주실 수 있을까요?

A. 앞에서 말씀드린 것들입니다. 우리 사회는 개인의 주관적 만족을 높이는 방향으로 나아가고 있습니다. 혼자만의 시공간을 윤택하게 하는 동시에 불편한 사회성은 거부하고 제거해가고 있죠. 이 과정에서 나만의 즐거움을 위한 문화 콘텐츠가 발전합니다. 취미라고 할 수도 있고 취향이라고 할 수도 있는 문화 콘텐츠들이 다양해지고, 디테일까지 알아보는 안목도 높아집니다. 희망은 이러한 문화적 콘텐츠의 발전에 있다고 봅니다.

반대로 우려스러운 것은 자기만의 취향에 갇히는 것입니다. 예를 들어 넷플릭스가 추천하는 콘텐츠를 본다고 해보죠. 본인의 시청 이력을 기반으로 유사한 콘텐츠를 추천하므로 내가 좋아하는 분야에 대한 이해는 깊어지지만 다른 콘텐츠는 접할 기회조차 얻지 못합니다. 만약 이것이 다른 사람의 입장이나 정치적 의견이라면 어떻겠습니까? 대부분의 사람들이 싫건 좋건 같은 콘텐츠를 보고 있을 때보다 개개인의 의견은 더 편협하게 단단해지기만 할 것입니다. 다양성이 커지는 사회에서 의견은 더 편협해지는 역설이 발생하는 겁니다. 하지만 생활변화를 관찰하는 중요한 태도 중 하나는 중립성입니다. 옳고 그름을 따지는 것이 아니라 사람들이 이렇게 하고 있다는 사실을 있는 그대로 받아들이는 것이죠. 지난 책에서도 말씀드린 '맨눈으로 바라보기'가 중요합니다.

Q. 이런 시대에 기업의 생존전략은 무엇이라고 보시나요?

A. 기업은 소비자와 친구가 되어야 합니다. 친구처럼 평등한 관계여야 하고 친구처럼 좋아할 수 있는 사이여야 합니다. 친구가 되어야 한다는 것은 '사람'처럼 느껴져야 한다는 의미를 포함합니다. 사람처럼 개성을 지니고 있어야 하고, 사람처럼 친근해야 하고, 사람처럼 잘못하면 미안하다고 사과해야 합니다. 사생활과 집안 내력까지 속속들이 알고 있는 친구처럼, 소비자가 그 브랜드의 역사와 못난 구석, 잘하는 구석을 다 알고 있다고 여기면 유리합니다.

또한 기업은 사람과 사람 사이처럼 상대의 감정에 민감하게 반응해야 합니다. 불쾌한 행동을 하지 말아야 하고, 했다면 바로 사과해야 합니다. 모른 척 눙치거나 아니라고 발뺌하는 친구는 오래가지 못하죠.

우리 사회 모든 곳에서 권위가 깨지고 있습니다. 기업이 갖고 있던 엄격함, 근엄함, 진지함을 내려놓아야 합니다. 유연하고 솔직해져야 합니다. 무엇보다 유머를 잃지 마십시오. 모든 것을 다 잘하는 친구도 친하게 지내고 싶은 친구는 아닙니다. 사람들은 개성 있고 매력적인, 어느 한 구석이 뛰어난 친구와 가까이 하고 싶어 합니다.

Q. 마지막으로 생활변화관측소의 꿈은 무엇입니까?

A. 생활변화관측소의 비전은 관측지를 파는 것이 아닙니다. 새로운 공동체를 만드는 것입니다. 매일 만날 필요도 없고, 꼭 얼굴 보고 만날 필요도 없습니다. 생활변화 관찰을 좋아하고, 생활이 변화

하는 방향을 받아들이고, 그 방향에 새로운 아이디어를 더하고자
하는 사람들의 공동체를 만들고 싶습니다. 지금은 다음소프트에 속
한 생활변화관측소에서 7장을 채우지만, 나중에는 생활변화관측소
멤버십 회원들과 함께 생활변화관측지를 만들어가기를 바랍니다.

Contents

Part 1. 변화하는 공간

Chapter 1. 어떤 맛집이 될 것인가?

Chapter 2. 우리 집을 채우는 공간 경험들

Part 2. 변화하는 관계

Chapter 6. X세대 엄마, 변화하는 엄마

Part 3. 변화하는 소비

Chapter 7. 취향을 (아직도) 찾습니다?!

Chapter 8. 치약계에 샤넬이 존재하는 이유

Chapter 9. 인간화되는 브랜드

깨지는 관습 :
새로운 기준인가, 다양성의 추가인가?

    정책은 생활을 바꾼다. 2004년부터 본격 시행된 주5일제는 '불금'을 만들었다. '불금'은 금요일 저녁부터 주말까지는 개인에게 속한 시간이므로 업무 등으로 방해해서는 안 된다는 '개인 시간' 개념을 가져왔다. 산업에도 영향을 미쳤다. 금요일 밤의 즐거운 놀이문화, 주말의 캠핑이나 여행 등의 여가문화, 금요일 밤의 예능 프로그램 등을 탄생시키거나 발전시켰다. 2018년 시행된 카페 내 일회용 컵 규제는 '텀블러'를 유행시켰다. 텀블러는 스타벅스의 굿즈로 시작했고 여전히 그런 경향이 강하지만 일회용 컵 규제 이후에 텀블러는 환경을 생각하는 개념 있는 사람들이 쓰는 제품, 장식장에 진열하는 상품이 아니라 가방에 넣어 다니며 매일 쓰는 일상용품이 되었다. 플라스틱 컵, 보온병이라 불리던 것들도 모두 텀블러라고 통칭되었다.

    2018년부터 시범 시행된 주52시간 근무제는 어떤 변화를 가져왔을까? 결론적으로 말하면 '원데이클래스' 열풍을 가져왔다. 저녁시간의 자유를 획득한 사람들은 마카롱 만들기, 나무숟가락 파기, 가죽지갑 만들기, 꽃꽂이 등 다양한 취미활동을 경험할 수 있는

2~3시간짜리 수업을 듣기 시작했다.

흥미로운 점은 이러한 수업을 '원데이클래스'라고 부르는 것이다. 취미나 놀이가 아니라 클래스(수업)라 칭하는 것은 그것을 듣는 사람들의 마음가짐과 관련이 있다. 이 수업을 듣는 사람들은 이런 생각을 갖고 있다. '다양한 활동들을 하다 보면 지금까지 발견하지 못한 나의 새로운 재능을 발견할 수 있지 않을까? 그래서 그 재능으로 지금 다니는 회사를 그만두고 개인 인스타그램 계정이나 유튜브 채널을 열 수 있지 않을까? 재미도 있으면서 소소하게 돈을 벌다가 1만, 10만 팔로워가 생겨서 기업 광고만으로 돈을 벌거나 엄청난 영향력자가 될 수 있지 않을까?' 이런 반신반의의 미래를 설계하고 있다. 원데이클래스가 미래 자산이 될지는 모르겠지만 원데이클래스 열풍이 미래에 대한 불안을 드러내고 있다는 것은 확실하다.

《2019 트렌드 노트》에서 예상했던 주52시간 근무제의 영향은 '부장님의 퇴근 후 2교시'라고 표현했던 아저씨들의 변화였다. 회사인간이라 불리는 나이 40대 이상, 직급으로는 대략 부장님 이상의 분들은 일찍 퇴근하고 어떻게 여가시간을 보낼까? 그 변화는 산업에 어떤 영향을 미칠까? 패션이 바뀔까? 당구장, PC방 같은 오락시설이 성행할까? 새롭게 애정을 줄 대상을 찾아 반려동물산업이 흥할까?

다양한 가설이 있었지만 하나도 실현된 것이 없다. 시간은 주어졌지만 경제적 자원이 배분되지 않았기 때문이다. 퇴근시간은 변했지만 용돈은 변하지 않았다. 무엇보다도 자신을 위해 돈과 시간, 노력을 쓰지 않았던 사람이 쉽게 바뀌지 않은 탓이다. 회사 이외의 공동체에서 모르는 사람들과 새로운 관계를 맺는 데 익숙하지 않은 성향도 한몫했다. 주52시간 근무제 시행 후 1년. 1년은 아저씨들의 생활을 변화시키기에는 충분하지 않은 시간이었다.

　바뀔 것으로 기대했던 부장님의 퇴근 후 2교시는 없었지만 기존 가치관은 여지없이 무너졌다. 기존의 관습을 부정하는 것은 오히려 거대한 물결이 되어 단시간에 새로운 관습이 되었다.
　'비혼이 일류다', '평생직장은 없다', '명절에는 여행 간다', '남자가 화장한다', '시니어가 인생 4막을 시작한다.'
　이제 비혼인 사람에게 왜 결혼 안 하냐고 묻는 사람은 드물다. 그런 사람이 아직 있다면 설령 고모, 이모 같은 친척이라 하더라도 무례한 사람으로 취급된다. 비혼의 이유를 묻지 않아야 한다는 것은 그만큼 학습이 되었다. 그런데 다른 물음이 생겨났다. 결혼하는 사람에게 "왜 결혼해?"라고 묻기 시작한 것이다. 명절에 여행 가는 사람에게는 '왜'라고 묻지 않고, 엄마가 더 이상 시댁에 가지 않겠다고 해도 따져 묻지 않지만 전통적인 제사를 지내고 있다면 '아직도?'라는 물음이 따라온다.
　기존과 다른 삶의 방식을 모색하는 것은 삶의 다양성을 높이는 동시에 기득권의 아성을 무너뜨린다는 점에서 긍정적이지만, 기득권의 본질을 폄하하는 또 다른 차별은 아닌지 의심해볼 일이다. 기존의 가치관과 다른 것이 또 다른 정답이 되고 있는 것은 아닌가 말이다. 새롭게 등장한 라이프스타일이 또 다른 정답이 되기보다, 부디 기존에 더해진 또 다른 선택지이기를 바란다.

이 책을 본격적으로 읽기 전에 알아두면 좋은 팁

《2019 트렌드 노트》에 썼지만 다시 등장하는 내용들

(키워드 : 혼자, 밀레니얼, 취향)

지난 책에서 말했던 '혼자만의 즐거움', '1인용 삶에 대한 로망'에 대한 예찬은 2020년에도 계속된다. 여기에 덧붙여 혼자만의 시공간을 윤택하게 만드는 방법이 어떻게 진화하고 있는지 이번 책에서 확인할 수 있다.

밀레니얼 세대가 바꾼 세태는 지난 책의 중요한 주제 중 하나였다. 밀레니얼 세대에 대한 이야기는 이번 책에서도 중요한 주제다. 다만 이번에는 엄마아빠가 된 밀레니얼 부모의 모습을 본격적으로 살펴본다.

개인의 취향이 중요하고, 취향이 다양해지고 취향을 만족시키는 제품에 기꺼이 돈을 지불하는 취향소비는 여전히 계속된다. 이번 책에서는 이렇게 취향이 중요한 사회에 여전히 국민템이 존재하고 트렌드(유행)를 중요하게 생각하는 이유에 대해 고찰했다.

《2020 트렌드 노트》에 쓰려고 했지만 등장하지 않은 내용들

(키워드 : 주52시간, 셰어하우스)

앞서 언급한 것처럼 주52시간 근무제는 회사인간을 취미인간으로 바꿔놓지 못했다. 기대했던 것은 강남, 여의도, 을지로 인근에서 목격되는 새롭게 변한 아저씨들의 모습과 이들이 산업에 미치는 영향을 논하는 것이었는데 이들의 변화는 아직 포착되지 않았다. 이 주제는 일단 보류한다.

셰어하우스, 셰어오피스 등 셰어(공유) 공간의 증가와 이에 따른 사고방식의 변화도 뚜렷한 경향성이 보이지 않는다. 모르는 계약적 공간 공유가 공유에 대한 개념을 바꾸고 인간관계에도 영향을 미칠 것으로 기대했지만, 셰어오피스가 늘어나는 것에 비해 사고의 변화는 관측되지 않는다. 특히 셰어하우스는 산업에서의 기대감이 큰 데 비해 막상 거기에 살아야 할 사람들의 니즈는 포착되지 않고 있다.

《2020 트렌드 노트》에 예상치 못하게 등장한 내용들

(키워드 : 공동체, 사생활)

사람들이 혼자를 원하고, 1인용 삶을 로망한다고 하면 관계는 소홀히 할 것같이 보인다. 하지만 어느 때보다 활발히 새로운 관계를 추구하고 있다. 기존의 불편한 사회성을 제거한, 관심사를 중심으로 모인 새로운 공동체를 찾아 나서는 적극적인 여정이 2020 트렌드로 포착되었다. '셰어하우스'에 대한 니즈는 포착되지 않는데

'공동체'에 대한 니즈는 증가한다는 것이 일견 상충하는 것처럼 보일 수도 있다. '공동체'라는 단어에서 '사적 공간 공유'라는 의미를 자동으로 떠올리지 않았는지 돌아보자. 사적 공간을 공유한다는 것과 관심사를 공유한다는 것은 전혀 다른 의미다. 따로 살면서도 함께할 수 있고, 함께 살면서도 전혀 다른 세계에 속해 있을 수 있다.

인공지능과 기계의 시대에 가장 인간적인 사생활이 중요해지고 있다. 기업이나 브랜드에 요구하는 것도 세계 최초, 최강이 아니라 솔직한 인간성이다. 내부자가 속사정을 폭로하고, 소비자의 분노 지점을 예측할 수 없고, 이 모두가 플랫폼을 통해 빠르게 공유되는 세상에서 가장 필요한 것은 인간의 예민한 감수성이다.

혼자 라이프의 공동체, 취향사회의 국민템, 인공지능 시대의 사생활이라는 키워드를 기억하면서 본격적으로 책 속으로 들어가 보자.

Part 1.
변화하는 공간

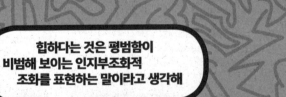

Chapter 1.
어떤 맛집이 될 것인가?
염한결

맛이 없어도 맛집이 될 수 있는 시대,
사람들은 자신을 만족시키는 요소를 가진 공간을
'○○맛집'이라 부르기 시작했다.
맛있어도 맛집, 햇살이 좋아도 맛집,
헤어를 잘해도 맛집, 음악이 좋아도 맛집이다.
우리 브랜드는 어떤 맛집이 될 수 있을까?

인싸가 되고 싶은가?

 2019년 5월 3일, 미국의 커피 브랜드 '블루보틀'이 서울 성수동에 한국 1호점을 열었다. 이 소식은 오픈 전부터 사람들의 입소문을 탔고, 오픈 첫날 카페에 입장하기 위해 전날부터 줄을 서는 진풍경이 연출되었다. 블루보틀이 국내에 첫 선을 보인 순간부터 인스타그램에는 온통 블루보틀의 파란 병이 박힌 사진이 가득했다. 너도나도 블루보틀의 로고가 박힌 커피잔을 들고 하늘 배경으로 사진을 찍었고, 그 인증샷을 폭풍 공유했다.

 이처럼 폭발적인 반응은 언제까지 이어졌을까? 여전히 블루보틀 손님은 많지만 인스타를 도배할 정도의 파급력은 딱 열흘이었다. 오픈 당일인 5월 3일 인스타그램에 블루보틀이 언급된 게시물은 3696건이었으며, 5월 12일까지 1000건 이상 유지하다 정확히 열흘 뒤에 1000건 이하로 떨어졌다.

 며칠만 참으면 밤새워 줄 서지 않고도 블루보틀 커피를 맛볼 수 있다는 것을 사람들은 몰랐을까? 그렇지는 않을 것이다. 그러나 사

〈'블루보틀' 언급 추이〉

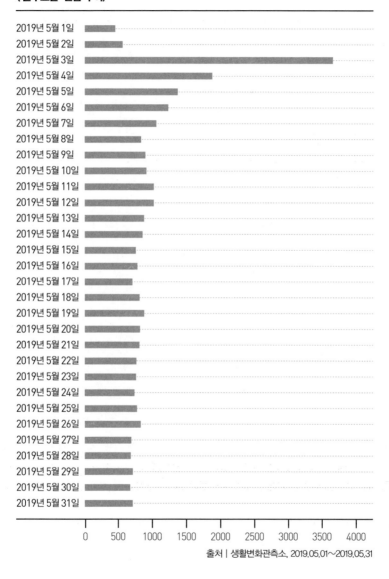

2019년 5월 1일	
2019년 5월 2일	
2019년 5월 3일	
2019년 5월 4일	
2019년 5월 5일	
2019년 5월 6일	
2019년 5월 7일	
2019년 5월 8일	
2019년 5월 9일	
2019년 5월 10일	
2019년 5월 11일	
2019년 5월 12일	
2019년 5월 13일	
2019년 5월 14일	
2019년 5월 15일	
2019년 5월 16일	
2019년 5월 17일	
2019년 5월 18일	
2019년 5월 19일	
2019년 5월 20일	
2019년 5월 21일	
2019년 5월 22일	
2019년 5월 23일	
2019년 5월 24일	
2019년 5월 25일	
2019년 5월 26일	
2019년 5월 27일	
2019년 5월 28일	
2019년 5월 29일	
2019년 5월 30일	
2019년 5월 31일	

0   500   1000 1500 2000 2500 3000 3500 4000

출처 | 생활변화관측소, 2019.05.01~2019.05.31

람들은 오픈 당일에 미국 3대 커피 중 하나를 맛보기 위해 전날부터 줄을 섰다. 그 열정 덕분에 오픈날의 커피 한잔과 그 순간을 인증한 사진 한 장을 건질 수 있었다. 이러한 열정은 도대체 어디서 나오는 것일까?

2019년에 가장 유행한 신조어 중 하나는 바로 '인싸'다. 인사이더(insider)의 줄임말로, 무리에 잘 섞여 어울리는 사람들을 말한다. 또한 인싸는 집단의 중심에서 유행을 선도하는 사람이라는 뜻도 내포하고 있다. 과거에는 〈아웃사이더〉라는 노래가 만들어질 만큼 왠지 삐딱하게 비주류를 자처하는 게 나름의 쿨함이었지만, 오늘날에는 많은 사람들이 인싸가 되고 싶어 하고 인싸가 되기 위해 핫플레이스를 방문하며 인싸템을 획득하려고 노력한다.

인싸 열풍은 블루보틀뿐 아니라 다른 공간과 제품에도 영향을 미쳤다. 올해 출시된 삼성전자의 첫 폴더블폰 '갤럭시폴드'는 출시 직후 완판되었다. 어느 패션 칼럼니스트는 갤럭시폴드를 구입해야 하는 주요 이유 중 하나가 바로 폴더블폰을 꺼내는 순간 주목받을 수 있기 때문이라고 했다. 웬만해서는 스마트폰으로 주목받기 쉽지 않은 세상이지만. 갤럭시폴드는 꺼내는 순간 친구와 동료들의 이목을 사로잡을 수 있다. 그 순간만큼은 폴더블폰 구매자를 최고의 인싸로 만들어줄 수 있다. 블루보틀의 효용 또한 그러하였다.

"요새 인싸가 되기 위하여 누구보다 노력 중인 나. 그런 나에게도 힘든 도전이 하나 있다면 바로 블루보틀에 가서 줄 서서 커피 마시기.

그래도 열심히 기다려서 드디어 맛을 봄!!"

"개점 첫날 대기가 2시간이 넘게 걸린다는 이야기를 들었습니다. 도쿄지점은 일본에 여행 갔을 때 몇 번 가본 적이 있었지만, 서울에 생겼다는데 안 가볼 수 없었습니다. 줄이 길다는 소문을 들었고, 오전이 나을 것 같았고, 오후 늦으면 마지막 주문시간에 걸리면 그날은 커피를 못 마신다고 들었으니 평일 오전에 방문을 결심했습니다. 인싸가 되려면 이 정도의 노력은 해야지!!"

이들은 몇 시간씩 줄 서는 이유를 '인싸가 되기 위한 노력'이라고 명쾌하게 정리한다. 실제로도 '인싸'와 함께 많이 언급되는 서술어에 '힘들다', '노력하다' 등의 표현이 발견된다. 인싸가 되려면 많은 에너지와 노력(아울러 비용)이 든다는 뜻이다. 하지만 거리가 멀어도, 대기 시간이 길어도 인싸가 될 수 있다면 투자를 마다하지 않는다.

그 노력과 비용 투자로 얻을 수 있는 가치는 매우 크다. 그것은 내가 인싸라는 사실을 입증할 수 있는 가장 좋은 아이템들이다. 그리고 일단 소비해봐야 이야기할 기회도 주어진다. 블루보틀 커피 맛이 '미국의 3대 커피'라는 명성에 필적할 만하든 아니든, 일단 맛을 본 사람만이 평가할 자격이 있기 때문이다. 그리고 데이터가 보여주는바 그 자격을 얻을 수 있는 기한은 단 열흘이었다. 5월 12일 이후에는 블루보틀에서 커피를 마셔봤다는 것만으로 대화의 중심에 설 수는 없게 되었다.

그곳에는 어떤 화젯거리가 있는가?

유행에 민감하다는 것은 결국 뜨고 지는 것에 대한 관심이 높다는 뜻이다. 지금 이 글을 읽는 가장 큰 이유 또한 올해 가장 뜨고 진 트렌드가 뭔지, 그리고 내년에는 무엇이 뜰지 알기 위함일 것이다. 그중에서도 핫플레이스는 공간 경험에 대한 관심이 커지면서 사람들이 가장 주목하는 트렌드 중 하나가 되었다. 《2018 트렌드 노트》에서도 이미 핫플레이스에 대해 다룬 바 있지만 열기는 여전히 뜨겁다. 그렇다면 몇 년 전의 핫플레이스와 오늘날의 핫플레이스 지형은 어떻게 달라졌을까? 요즘 뜨는 동네, 지는 동네를 통해 한국 사회의 공간 경험이 어떻게 변화하고 있는지 알아보기로 하자.

소셜미디어 상에 가장 많이 언급되는 서울 지역은 강남, 홍대, 잠실, 삼성동이다. 이 네 지역은 몇 년 전부터 지금까지 한결같이 사람들의 입에 오르내리고 있으며, 그런 만큼 언제나 사람들로 넘쳐난다. 하지만 아무리 사람이 많다 해도 사람들은 이곳을 핫플레이스라 하지 않는다. 오히려 순위는 그보다 낮아도 점점 더 많이 언급되는 곳들을 '핫플레이스'라 지칭한다.

서울에서 최근 3년간 가장 많이 뜬 곳은 성수, 건대, 뚝섬 등을 포함한 범성수지역과 을지로다. 3년 전만 해도 20위권 밖이었던 이들 지역은 '골목 감성'으로 최근 기성세대와 청년들 모두에게 사랑받고 있다.

을지로는 '힙지로'라는 별칭이 무색하지 않게 특유의 레트로 감

〈서울 '핫플레이스' 언급 순위〉

2016년		2017년		2018년		2019년(~8월)	
1	강남	1	강남	1	강남	1	강남
2	홍대	2	홍대	2	홍대	2	홍대
3	잠실	3	잠실	3	잠실	3	잠실
4	삼성동	4	삼성동	4	삼성동	4	삼성동
5	이태원	5	이태원	5	한남동	5	한남동
6	한남동	6	한남동	6	이태원	6	이태원
	...		...		...		...
10	마포	10	성수동	10	성수동	10	성수동
11	청담	11	청담	11	마포	11	광화문
12	명동	12	명동	12	을지로	12	을지로
13	가로수길	13	광화문	13	서초	13	여의도
14	광화문	14	가로수길	14	송파	14	용산
15	송파	15	서초	15	강남구	15	명동
16	압구정	16	송파	16	건대	16	건대
17	동대문	17	건대	17	청담	17	뚝섬
18	서초	18	압구정	18	뚝섬	18	청담
19	영등포	19	동대문	19	명동	19	신촌
20	건대	20	영등포	20	용산	20	강남구
21	신촌	21	신촌	21	영등포	21	송파
22	용산	22	뚝섬	22	광화문	22	서초
23	뚝섬	23	합정	23	동대문	23	동대문
24	성수동	24	용산	24	압구정	24	연남동
25	판교	25	역삼	25	역삼	25	합정
26	합정	26	성동구	26	가로수길	26	압구정
27	역삼	27	중구	27	중구	27	영등포
28	을지로	28	판교	28	합정	28	가로수길
29	중구	29	을지로	29	연남동	29	중구
30	논현	30	연남동	30	신촌	30	경복궁
	...		...		...		...
37	연남동	37	서울숲	37	서울숲	37	서울숲
38	방배동	38	강서	38	양재	38	역삼
39	남산	39	강동구	39	구로	39	양재
40	서울숲	40	남산	40	송파구	40	구로

출처 | 생활변화관측소, 2016.01.01~2019.08.31

성을 내세우며 많은 이들에게 사랑받고 있다. 특이하게도 이곳에는 '옥'으로 끝나는 음식점이 많은데, 역사와 전통을 자랑하는 이들 맛집에는 으레 문밖으로 이어진 대기줄이 눈에 띈다. 이는 비단 을지로뿐 아니라 전국적인 붐으로 나타나는 현상이다. 과거 음식점을 나타내던 접미사인 '당(堂)'이나 '옥(屋)'을 붙인 상표가 번화가를 중심으로 다시 등장하고 있다. 특허청에 따르면 '당'이 붙은 상표는 2009년부터 2013년까지 118건 출원됐다가 2014년부터 2018년에는 2.4배인 288건으로 늘었으며 '옥'으로 끝나는 상표 역시 같은 기간 167건 출원에서 317건으로 1.9배 증가했다고 한다.

또 다른 강북 핫플레이스인 성수동은 레트로 감성과 카페 감성을 모두 가지고 있는 지역으로 높은 관심을 받고 있다. 족발, 곱창, 감자탕 등 고전적인 맛집이 많은 동시에 대림창고, 블루보틀 같은 젊은 감성 넘치는 카페도 많다.

한남동 또한 이태원의 아성을 넘어 서울 명소 5위 안에 안착했다. 그 배경에는 디뮤지엄과 사운즈한남이 있다. 연남동의 언급 증가도 두드러지는데, 한때 핫했다가 관심이 떨어지는 듯했지만 특유의 감성을 유지한 덕에 다시 사랑받는 장소로 뜨고 있다.

반면 청담, 명동, 가로수길, 압구정 등에 대한 관심은 상대적으로 줄어드는 추세다. 이들 장소가 지는 대표적인 이유는 방문 목적에 있다. 장소별 연관 키워드를 살펴보면 청담, 가로수길 등은 브런치, 레스토랑, 데이트코스의 언급이 상대적으로 높게 나타났으며, 분위기가 중요한 맛집이 많다. 하지만 결혼은커녕 연애에 대한 관심도

〈핫플레이스별 주요 명소 언급 순위〉

을지로	
1	만선호프
2	을지면옥
3	우래옥
4	동원집
5	양미옥
6	명동성당
7	조선옥
8	DDP
9	평래옥
10	남포면옥

한남동	
1	디뮤지엄
2	사운즈한남
3	블루스퀘어
4	타르틴
5	다운타우너
6	올드페리도넛
7	한방통닭
8	패션5
9	알프키친
10	언더프레셔

연남동	
1	와이키키서핀베어
2	테일러커피
3	소이연남
4	딩가케이크
5	아이러브쉬림프
6	모멘트커피
7	툭툭누들타이
8	온더테이블
9	스타벅스
10	코코로카라

성수동	
1	대림창고
2	블루보틀
3	갤러리아포레
4	어메이징 브루잉컴퍼니
5	왕십리곱창
6	성수족발
7	센터커피
8	소문난감자탕
9	엘리스앤코
10	도치피자

출처 | 생활변화관측소, 2016.01.01~2019.08.31

줄어들고 있는 요즘, 분위기 좋은 레스토랑에 대한 관심이 낮아지고 그것들이 즐비한 동네도 지는 것은 자연스런 귀결이다.

인증 못할 바에는 안 가고 만다

핫플레이스를 충족하는 필요충분조건은 3가지로, 볼거리, 먹을거리 그리고 찍을거리가 있어야 한다. 소셜미디어 상에서 핫플레이스와 연관된 행위를 살펴보아도 정보를 찾고 방문하는 필수 활동을 제외하면 보고, 먹고, 찍는 행위가 상위에 자리잡고 있다.

매년 열리는 서울국제도서전은 해가 갈수록 다양한 프로그램을 갖추며 발전하고 있는데, 특히 올해 행사는 각종 도서뿐 아니라 다양한 볼거리와 먹거리를 제공하여 많은 사람들의 관심을 받았다. 그 중에서도 인기 있었던 키워드는 다소 엉뚱하게도 '성심당'과 '정우성'이었다. 도서전이 열리는 코엑스홀 한가운데에 난데없이 성심당 팝업스토어가 등장해 가장 긴 줄을 세우는 데 성공하더니, 작가로 변신한 배우 정우성의 토크콘서트는 그야말로 인산인해를 이루었다. 도서전 기간에 올라온 관련 해시태그를 보아도 성심당이 민음사나 문학동네보다 많았고, 정우성 또한 시공사와 창비를 앞섰다.

"성심당만 부각된 서울국제도서전~ B홀로 들어간 순간, 사람이 너무 많고, 각종 냄새에 정신이 없다. 이유는 바로 성심당!! 물론 엄청 유명

〈'핫플레이스' 연관어 순위 및 언급비중〉

	연관어	비중(%)
1	가다	13.0
2	**보다**	7.1
3	**먹다**	5.8
4	다녀오다	4.7
5	**찍다**	4.1
6	알다	3.3
7	들어가다	2.8
8	좋아하다	2.7
9	찾다	2.5
10	보이다	2.4
11	만들다	2.2
12	주문하다	2.0
13	받다	1.9
14	모르다	1.8
15	생기다	1.7
16	방문하다	1.6
17	시키다	1.6
18	만나다	1.6
19	마시다	1.6
20	즐기다	1.6
21	느끼다	1.6
22	떠오르다	1.5
23	가보다	1.5
24	소개하다	1.4
25	추천하다	1.4

출처 | 생활변화관측소, 2016.01.01~2019.08.31

하고 맛있는 빵집이라는 것은 알고 있지만… 이 정도일 줄이야. 내가 서울국제도서전에 와 있는지, 성심당에 와 있는지 구분이 안 간다.”
“드디어 정우성 영접! 도서전에 간 주 이유는 정우성 배우님을 보고 싶어서였다… 정우성 배우님. 그래, 오늘도 역시 행복한 하루다.”

그 어느 해보다 성공적이었다는 평가를 받은 2019년 서울국제도서전, 주최측과 출판사들의 노고도 컸겠지만 성심당 빵이라는 먹거리와 정우성이라는 볼거리가 성공을 이끈 주요 요인 중 하나임은 분명해 보인다. 사람들은 성심당과 정우성을 부지런히 찍어 방문 인증샷으로 남겼고, 그 정보는 즉각적으로 주변에 공유되었다.

여기서 알 수 있듯이, 사람들은 핫플레이스에 가면 반드시 ‘찍는다.’ 핫플레이스에 가는 가장 중요한 방문요인은 어쩌면 보는 것도 먹는 것도 아닌 찍는 데 있다. 볼거리나 먹거리도 중요하지만 이것들을 인스타그래머블한 한 장의 사진으로 담을 수 없다면 방문할 이유 자체가 사라진다. 유명 셰프의 요리나 유명 화가의 작품이라도 사진을 찍을 수 없으면 그 매력이 반감된다.

한남동이 이태원을 앞서게 된 가장 큰 이유도 인생샷을 건질 수 있는 명소가 되었기 때문이다. 특히 디뮤지엄은 다른 전시공간과 다르게 촬영을 적극 장려한다. 사진 찍기 좋은 작품 위주로 전시하는 것은 물론이다.

“사람 엄청 많던데? 친구가 미리 예매해둬서 잘 보았다! 고마워라 되

〈서울국제도서전 연관 해시태그 순위 및 언급량〉

	해시태그	언급량
1	#서울국제도서전	8,161
2	#2019서울국제도서전	2,200
3	#코엑스	1,845
4	#책스타그램	1,218
5	#책	1,085
6	#북스타그램	986
7	#카카오브런치	870
8	#작가의서랍전	792
9	**#성심당**	521
10	#민음사	471
11	#문학동네	432
12	#출판사	319
13	#다산북스	313
14	#해냄출판사	293
15	#sibf2019	283
16	#독서	281
17	#book	271
18	#해냄부스	251
19	#그림책	235
20	**#정우성**	221
21	#다산어린이	213
22	#독립출판	205
23	#스튜디오다산	201
24	#시공사	168
25	#창비	167

출처 | 생활변화관측소, 인스타그램, 2019.06.01~2019.06.30

게 다양한 작품들 많아서 잘 모르지만 잼나게 봤다 근데 모든 작품을 사람들이 사진을 찍고 있어서 계속 찰칵찰칵 소리가 난다는 점…? 진짜 모든 작품을 다 찍으시더라… 포토존에서 나도 몇 장 찰칵, 헤헤 저긴 포토존으로 따로 만들어놓은 느낌이라 모두가 사진 찍고 있어"
"포스터와 표의 이미지로 선택된 오아뮬 루의 작품 쪽에 사람이 가장 많았고, 저 핑크꽃밭의 그림 앞에서 사람들이 한 장씩 사진을 찍었기 때문에 속도는 더 더딥니다."

그래서인지 디뮤지엄에는 혼자 오는 관람객보다는 2~3명이 함께 오는 이들이 많다. 저마다 짝을 이뤄 작품을 배경으로 서로의 사진을 찍어주기 바쁘다. 작품을 감상하는 사람보다 작품을 등지고 카메라를 보는 사람들이 더 많은 터라 전시관이 아니라 스튜디오 같은 느낌도 난다. 사람들의 인생샷 욕구에 정확히 부응한 덕에 디뮤지엄은 미술관을 넘어 한남동 자체를 띄우는 역할을 하기에 이르렀다.

한남동이 찍기 위해 찾는 동네가 되었다면, 정반대의 사례도 있다. 즉 사진을 찍지 못하게 되어 방문이유가 사라진 경우다. 2019년 사회적으로 가장 이슈가 된 소비행태 중 하나는 바로 불매운동이었다. 그중에서도 일본제품 불매운동이 뜨거웠고, 그 가운데에서도 일본여행은 불매 1위 대상이 되었다. 뉴스에는 상당한 위약금을 부담하면서까지 예약했던 일본여행을 취소하는 이야기가 하루가 멀다 하고 실렸다. 이들처럼 불매운동에 자발적으로 동참하는 이들이

〈"일본여행" 연관 게시물 발행 추이〉

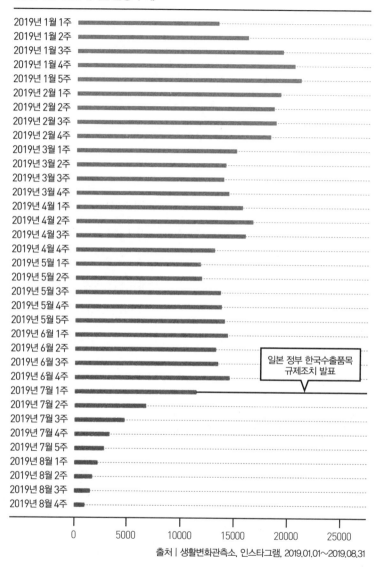

2019년 1월 1주
2019년 1월 2주
2019년 1월 3주
2019년 1월 4주
2019년 1월 5주
2019년 2월 1주
2019년 2월 2주
2019년 2월 3주
2019년 2월 4주
2019년 3월 1주
2019년 3월 2주
2019년 3월 3주
2019년 3월 4주
2019년 4월 1주
2019년 4월 2주
2019년 4월 3주
2019년 4월 4주
2019년 5월 1주
2019년 5월 2주
2019년 5월 3주
2019년 5월 4주
2019년 5월 5주
2019년 6월 1주
2019년 6월 2주
2019년 6월 3주
2019년 6월 4주
2019년 7월 1주
2019년 7월 2주
2019년 7월 3주
2019년 7월 4주
2019년 7월 5주
2019년 8월 1주
2019년 8월 2주
2019년 8월 3주
2019년 8월 4주

일본 정부 한국수출품목
규제조치 발표

0   5000   10000   15000   20000   25000

출처 | 생활변화관측소, 인스타그램, 2019.01.01~2019.08.31

가장 많았겠지만, 소셜빅데이터에서는 약간은 결이 다른 이유도 함께 읽혔다.

소셜미디어에서 일본여행을 취소하는 글들을 보면 '굳이'라는 키워드가 유독 많이 나타난다. 굳이 이 시점에 일본여행을 가서 주변의 따가운 시선을 느끼고 싶지 않다는 것이다. 그러면 몰래 가면 되지 않는가 생각할 수도 있겠지만, 여행 가서 사진 찍고는 인스타그램에 올리지 않을 수 있는 사람이 요즘에 얼마나 될까? 인증하지 못할 바에는 다른 여행지로 떠나 마음 편하게 인스타그램에 올리는 것이 더 좋다. 말하자면 사진을 찍어 올리기 위해 위약금을 물고 새로운 여행지를 물색하는 수고를 하는 것이다. 실제로도 인스타그램에서 일본여행에 대한 게시물은 일본 정부의 한국수출품목 규제 조치가 단행된 7월 4일 직후 급감하기 시작했다. 매일 2000건 안팎으로 올라오던 인스타그램 게시물은 7월 11일 819건으로 절반 이하로 줄었다. 그 후 여행객 감소도 가시화되기 시작했다.

맛이 없어도 맛집이 될 수 있다

많은 기업과 사업장이 자신의 공간이나 장소에 어떻게 하면 많은 사람들이 오게 할 수 있을지 고민한다. 그러나 앞에서 살펴보았듯이 공식은 비교적 단순하다. 반드시 찍을거리가 있어야 하며, 인싸로 만들어줄 수 있는 화젯거리가 있어야 한다는 것. 그것이 충족된

〈'○○맛집' 연관어〉

거울맛집

운동맛집

야경맛집

조명맛집

사진맛집

벚꽃맛집

케이스맛집

노을맛집

음악맛집

귀걸이맛집

맛집

헤어맛집

공연맛집

셀카맛집

소품맛집

혼밥맛집

뷰맛집

풍경맛집

책맛집

미술관맛집

컬러맛집

출처 | 생활변화관측소, 인스타그램, 2019.01.01~2019.08.31

다면 사람들은 알아서 찾아온다.

그래도 내실이 중요하지 않은가 할지도 모르겠지만, 사람들은 그렇게 생각하지 않는다. 심지어 맛집에서 가장 중요한 '맛'이 없어도 주변에 킬링포인트가 있으면 사람들을 불러모을 수 있다. 그러한 현상은 '○○맛집'이라는 키워드가 뜨는 것을 통해 알 수 있다.

"망원동에 유명한 맛집이 있는데 맛은 둘째 치고 분위기가 너무 좋은 곳이었어요. 내부 분위기도 이쁘고 ㅎㅎ 사진도 잘나오네요 ㅋㅋ 사진맛집이군요 :)"

"정말이지 이렇게 볼 요소가 많은 카페라니 ㅋㅋㅋ 거울맛집이야, 정말! 깔끔하구 이쁘게 해놓으셔서 인생샷 건지기 너무 좋아요. 거울 앞에서 사진 찍으려고 줄서 있는 사람들이 많아 기다려야 하는 게 아쉽지만 그만한 가치가 있어요."

유명 맛집인데 '맛은 둘째 치고'라고 한다. 이처럼 맛집이나 카페에 메뉴보다 주목받는 무언가가 있다면 그곳은 ○○맛집이 될수 있다.

이런 트렌드는 식음료 업계를 넘어 다양한 산업군에서 발견된다. 가장 대표적인 것이 감성서점이다. 감성서점은 서점 특유의 분위기를 담아낼 수 있어서 사진 찍기 좋다. 그렇기 때문에 책을 사지 않아도 인생샷을 남기기 위해 방문하는 이들이 적지 않다고 한다.

이 때문일까, 최근 뜨고 있는 공간을 보면 정해진 공식처럼 감성

서점이 있음을 알 수 있다. 앞에서 언급한 한남동의 사운즈한남에는 스틸북스가 있고, 부산 기장 아난티코브에는 이터널저니가, 코엑스에는 별마당도서관이 있어서 공간의 주요시설보다 더 많은 관심을 얻곤 한다. 물론 서점마다 컨셉 있는 MD구성이 좋다는 이유도 있지만, 궁극적인 방문 목적은 감성 돋는 사진을 얻기 위해서다. 감성서점뿐인가, 온라인서점 알라딘에 유독 충성고객이 많은 이유는 MD구성뿐 아니라 오랜 시간 동안 쌓아온 '굿즈맛집'의 명성 덕분이다. 똑같은 영화를 똑같이 상영하는 메가박스도 오리지널 티켓을 비롯해 컵 등의 독특한 굿즈 기획으로 폭발적인 반응을 얻으며 관객을 모으는 데 성공했다.

과거에는 핫플레이스의 조건으로 교통이나 부대시설이 빠지지 않고 거론되었지만, 지금은 더 이상 그렇지 않다. 최근의 핫플레이스들은 교통이 편리하거나 부대시설이 좋아서가 아니라 매력적인 콘텐츠가 있기 때문에 떴다. 소비자를 사로잡을 수 있는 확실한 콘텐츠가 있다면 교통이 아무리 불편해도 사람들은 기어코 찾아간다. 때로는 찾아가기 어려워서 오히려 더 좋아하기도 한다. 노력과 비용이 더 들어가야 그것을 얻었을 때 인싸가 될 수 있기 때문이다.
또 하나, 그 콘텐츠가 한 장의 인생샷으로 담길 수 있어야 한다는 점을 기억하자. 아무리 맛있고, 볼품 있고, 재미있어도 인증할 수 없는 매력은 100%짜리 매력이 아니다.

맛이 없어도 맛집이 될 수 있다.
찍어 올릴 콘텐츠만 있다면.

사람들에게 어필할 수 있는
당신만의 매력적인 콘텐츠를 만들어라

사람들이 그 공간을 방문하는 이유는 매력적인 콘텐츠가 있기 때문이다. 콘텐츠가 없다면 그곳을 방문할 이유도 없다. 아울러 그것은 한 장의 사진으로 표현될 수 있어야 한다. 그것은 사진의 주인공이 될 수도 있고 배경으로 사용될 수도 있다.

당신의 브랜드는 어떤 맛집이 될 수 있는가?

모든 제품 및 서비스에서 맛집이 생겨나고 있다. 헤어도 맛집이 있고, 책도 맛집이 있다. 사람들은 자신이 만족하는 제품 및 서비스는 무엇이든 ○○맛집이라 부르기 시작했다. 우리 제품은 어떤 맛집이 될 수 있는지 고민해보라.

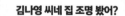

사운즈한남, 탈한국과
인생샷을 남기기 좋은 곳

Chapter 2.
우리 집을 채우는 공간 경험들
이원희

집밖에서의 경험은 인테리어 시도로 이어진다.
인테리어를 하나도 모르면서 이들은 복잡다단한 인테리어를
어떻게 '셀프'로 진행할까?
인알못들의 셀프 인테리어 과정은
밀레니얼 세대가 추구하는 공간 경험은 물론,
이들에게 통하는 커뮤니케이션 방식까지 보여준다.

루이스폴센이 쏘아 올린 공

인테리어에 대한 관심이 점점 커지고 있다. 2000년 9조 1000억 원이던 인테리어 시장규모는 2020년 41조 5000억 원 규모로 4.5배 증가할 것으로 예상된다. 다른 나라의 경험에 비추어보면 1인당 국민총소득(GNI)이 3만 달러를 넘으면 인테리어에 대한 관심이 늘어나는 것이 일반적이라고 한다. 이케아가 한국에 진출한 시기도 한국의 GNI가 3만 달러를 넘어선 2014년과 정확히 일치한다.

시장의 성숙도는 세분화와 전문화로 가늠할 수 있다. 한국인의 라이프스타일에서 이 길을 가장 앞서 가고 있는 분야는 식문화다. 몇 년 전까지만 해도 뭉뚱그려서 디저트나 빵이라 하던 것을 이제는 마카롱, 다쿠아즈, 에끌레어라고 꼭 집어서 이야기한다. 고로케만 파는 가게, 팥빵만 파는 가게가 생기더니 식빵만 파는 식빵 전문점도 등장하고 있다. 이제는 주거와 관련한 인테리어 시장에서도 이러한 변화의 조짐이 보인다.

조명에 대한 유례없는 관심이 그 징후다. 조명은 몇 해 전부터 다

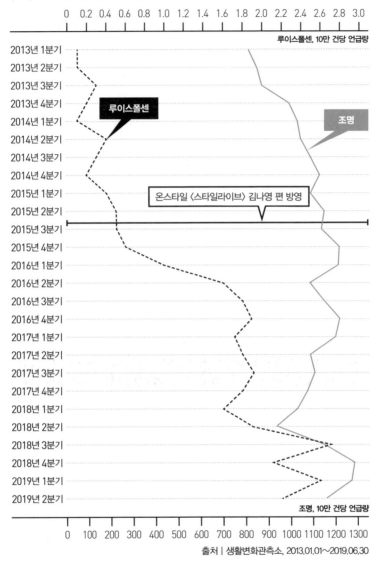

〈'조명' vs '루이스폴센' 언급 추이〉

0   0.2 0.4 0.6 0.8 1.0 1.2 1.4 1.6 1.8 2.0 2.2 2.4 2.6 2.8 3.0

루이스폴센, 10만 건당 언급량

2013년 1분기
2013년 2분기
2013년 3분기
2013년 4분기
2014년 1분기
2014년 2분기
2014년 3분기
2014년 4분기
2015년 1분기
2015년 2분기
2015년 3분기
2015년 4분기
2016년 1분기
2016년 2분기
2016년 3분기
2016년 4분기
2017년 1분기
2017년 2분기
2017년 3분기
2017년 4분기
2018년 1분기
2018년 2분기
2018년 3분기
2018년 4분기
2019년 1분기
2019년 2분기

루이스폴센

조명

온스타일 〈스타일라이브〉 김나영 편 방영

조명, 10만 건당 언급량

0   100 200 300 400 500 600 700 800 900 1000 1100 1200 1300

출처 | 생활변화관측소, 2013.01.01~2019.06.30

양한 매체를 통해 소개되면서 한국의 카페 분위기를 바꾸는 데 일조했다. 2015년 방송인 김나영 씨의 집을 소개하는 방송은 조명에 대한 한국인의 관심을 한 단계 높이는 분화구 역할을 했는데, 그때 소개된 조명이 바로 '루이스폴센'이다.

이 낯선 브랜드에서 생소한 매력을 느낀 사람들은 카페나 레스토랑 등에서 실물을 접할 때마다 인스타그램에 인증하며 루이스폴센이라는 이름을 알려나갔고, 사람들은 이 명품 조명 브랜드의 기능성과 심미성은 물론 북유럽 브랜드의 헤리티지와 스토리에도 매료되었다. 이제는 알바알토, 핀율, 아르네 야콥슨, 한스 웨그너 같은 북유럽 디자이너 이름을 줄줄 꿰는 이들이 많아지는 것은 물론, 식문화에서와 마찬가지로 벽조명, 식탁 조명, 무드등, 핀조명 등으로 세분화 과정을 거치고 있다.

인알못의 인테리어 분투기 : 탐색하고, 조각내고, 조합한다

재미있는 점은 인스타그램을 타고 불붙은 루이스폴센의 인기가 이른바 '인알못(인테리어 알지 못하는)'들 덕분이라는 사실이다. 인알못들은 직접 인테리어를 하지는 못해도 정보력만은 최강인 소셜 미디어 세대, 더 좁게는 밀레니얼 세대다. 인알못들이 어떻게 인테리어에 관심을 갖게 되었는지, 왜 인테리어를 하려고 하는지, 무엇을 위해 하는지 파악하는 것은 이들의 라이프스타일이 어떤 메커

니즘으로 전문화, 세분화되는지 이해하는 과정이기도 하다.

과거에는 인테리어 리모델링 업체들이 모든 정보를 독점했기 때문에 인테리어 소비자들의 선택은 제한적이었고, 구매에서도 직접 결정할 수 있는 부분이 많지 않았다. 업체가 일방적으로 매기는 높은 수수료와 투명하지 못한 구매과정보다도 더 참기 어려웠던 것은 커뮤니케이션 미스나 불화였다. 그러나 아는 게 없어서 힘도 없었기에 소비자들은 불합리하고 답답한 인테리어 거래 과정을 꼼짝없이 참아내야 했다.

이제는 그렇지 않다. 검색창과 각종 커뮤니티, 소셜미디어의 도움으로 누구나 자기 주도적인 탐색이 가능해졌다. 인테리어 업체 사장님보다 내가 최신정보를 더 많이 안다고 자부할 만큼 공부를 하고, 디테일을 챙긴다. 정보를 학습하고 공유할 수 있는 플랫폼들이 생겨난 덕분에 정보를 찾고, 실시간 질문하고 답변을 듣는 데 어려움이 없다. 식견이 높은 아마추어들이 많아졌고, 그들에게 의견을 구할 수 있게 되면서 인알못도 단기간에 적극적으로 배울 수 있게 되었다.

정보탐색 과정은 이제 세부항목으로 조각나고, 그 조각들을 붙여 모으는 일이 새로운 과업이 되었다. 물론 이 과업의 모든 의사결정권은 내게 있어야 하며, 가장 합리적인 결정을 위해 오늘도 공부를 한다.

정보탐색에서 빠뜨릴 수 없는 플랫폼이 인스타그램이다. 나보다 많이 아는 사람들을 팔로우하거나 질문하는 것만으로도 정보가 쌓이고 취향을 만들어갈 수 있다. 그래서 잡지를 구독하듯이 인스타그램 피드를 보며 양질의 이미지를 학습한다.

인스타그램 이미지를 통한 취향 학습은 동시에 소비로 연결된다. 소품 하나하나를 어디에서 샀는지, 을지로의 어느 조명집과 타일집이 있는지 알 수 있고, 수전은 한스그로헤라는 브랜드가 유명하다는 등의 정보를 즉각적으로 흡수할 수 있다. 그리고 인스타그램에서 유명한 인테리어 셀럽들은 패션이나 뷰티 인플루언서가 그러하듯이 온라인숍이나 마켓(선주문을 받고 업체에 발주해 공급하는 형식)을 통해 제품을 판매한다. 다수의 팬 확보가 곧 탄탄한 수익으로 연결되는 구조다.

정보탐색의 과정이 조각난 만큼 소비채널도 조각나, 각 과정마다 다른 채널에서 구매하는 것도 가능해졌다. 예를 들어 북유럽 가구나 조명 제품은 직구로 더 많이 구매한다. 옷, 가방 등에 한정되던 직구 제품이 인테리어 제품들로 확장되고 있는 것이다. 그 밖에 브랜드 자사몰, 오프라인 전통시장, 블로그 마켓, 소셜 커머스 등 다양한 구매채널을 활용해 최적의 조합을 찾아낸다.

시공을 위한 인력 구매도 마찬가지여서 지역 커뮤니티 또는 인테리어 커뮤니티와 O2O서비스, 인스타그램을 적절히 섞어서 사용한다. 셀프 인테리어 커뮤니티나 지역별 동네 맘카페에 'ㅇㅇ동네 도배 시공 잘하시는 분 추천해주세요' 하고 올리면 사람들이 추천을 해준다. 후기를 읽어보고 마음에 들면 연락해서 레퍼런스도 확인하

〈'직구' 연관 제품〉

2017년		2018년		2019년(~8월)	
1	매트리스	1	매트리스	1	매트리스
2	침대	2	**가구**	2	**가구**
3	**가구**	3	침대	3	침대
4	TV	4	TV	4	TV
5	소파	5	소파	5	커피
6	옷	6	옷	6	옷
7	그릇	7	인덕션	7	가방
8	소품	8	커피	8	소파
9	커피	9	가방	9	인덕션
10	가방	10	**조명**	10	**조명**

출처 | 생활변화관측소, 2017.01.01~2019.08.31

고 실력도 가늠해보고 느낌이 괜찮은지도 체크한다.

　이처럼 자신이 동원할 수 있는 정보습득 방식을 총동원해 가장 합리적으로 선택하기, 즉 꿀조합을 찾는 것이 이들에게는 가장 재미있는 일이 되었다.

　이 과정에서 나타나는 또 하나의 큰 변화는 커뮤니케이션 방식의 변화다. 커뮤니티는 소비자에게만 선택지를 넓혀주는 것이 아니라 공급자에게도 훌륭한 영업처가 된다. 자신의 시공 이력과 포트폴리오를 올려놓음으로써 B2C영업이 가능해진 것이다.

공급자가 인스타그램 등의 소셜미디어에 자신의 프로필을 목수, 도배사 등으로 살갑게 써놓고, 자신의 작업방식과 작업물을 사진으로 소개한다. 질문이 들어오면 답도 친절하게 한다. 현재 인스타그램에서 통용되는 커뮤니케이션 방식이다. 모르는 사람과 통화하기는 싫지만, 댓글을 달거나 DM을 보내는 것은 너무나 자연스럽다. 정리해서 물어보는 것이 아니라 친구와 문자를 주고받듯 편하게 질문한다. 자신이 스스럼없이 질문하는 만큼 스스럼없고 즉각적인 대답을 기대한다. 이러한 커뮤니케이션에 능한 젊은 공급자들은 러브콜을 받는 고수가 된다.

동네 아파트 단지 상가의 인테리어 사장님이 데리고 오는 도배사는 어떤 사람일지 만나기 전부터 겁이 나지만, 내가 주도적으로 선택한 사람의 작업은 믿을 수 있다. 결과가 기대를 뛰어넘을 때에는 몇 배로 입소문도 내주는 게 지금의 소셜미디어 세대다.

그들에게 중요한 것은 투명성이다. 돈을 쓰는 데에도, 사람과의 관계에서도 투명성을 원한다. 따라서 공급자들은 그들을 속이거나 통제하려 들지 말고 솔직하고 살가운 커뮤니케이션을 해야 한다.

집밖에서의 경험이 권력이다

인테리어 시장의 팽창을 주도하는 인알못들은 십중팔구 30~40대, 그중에서도 밀레니얼 세대다. 이들은 주로 인테리어 아이템과

소셜미디어 세대용(用)
커뮤니케이션 시험을 패스한 공급자만이
밀레니얼에게 어필된다.
솔직하고 살가워지자.

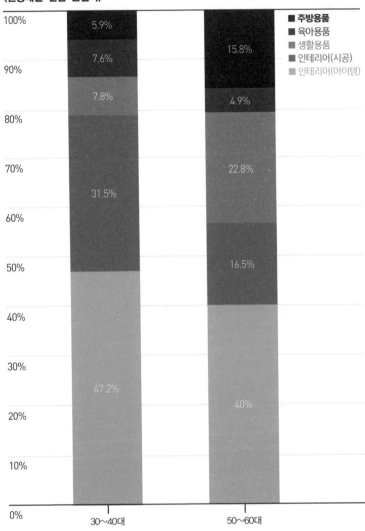

〈연령대별 '살림' 관심사〉

■ 주방용품
■ 육아용품
■ 생활용품
■ 인테리어(시공)
■ 인테리어(아이템)

30~40대
- 5.9%
- 7.6%
- 7.8%
- 31.5%
- 47.2%

50~60대
- 15.8%
- 4.9%
- 22.8%
- 16.5%
- 40%

출처 | 생활변화관측소, 2016.01.01.~2019.06.30
* 각 카테고리는 품목의 합을 나타냄 (ex. 인테리어 아이템 : 수전, 가구, 의자, 테이블 등의 합)

시공, 육아 연관 제품에 관심이 커, 생활용품이나 주방용품에 관심을 보이는 50~60대와는 확연히 차이가 난다. 이 차이는 안목이나 취향의 차이라기보다는 정보선택 및 소비방식의 차이에서 나오는 것으로 보인다. 그리고 이 변화를 추동하는 것은 이들 젊은 세대의 '경험'이다.

경험은 온라인과 오프라인에서 이루어진다. 온라인에서 학습한 정보는 오프라인에서 직접 확인해야 비로소 나의 취향으로 정착될 수 있다. 아무리 온라인에서 맛집을 많이 봐도 내가 먹어보지 않으면 나의 취향이라 할 수 없다. 이렇게 확인하고 검증하는 단계가 필요하기에 오프라인 공간 방문은 활황일 수밖에 없다.

밀레니얼은 꼭 가보고 싶은 공간을 방문하는 데 드는 시간과 노력을 아까워하지 않는다. 특히 그 공간이 나의 취향을 보여줄 수 있다면 엄청난 기다림의 시간과 줄을 서는 노력도 (커피 한잔이 결과라고 해도) 나의 '경험'으로 승화되기에 가치가 있다.

카페의 심미성이 가르쳐준 '미드센추리모던' 스타일

일상에서 가장 쉽게 방문할 수 있는 공간은 먹는 공간이다. F&B 비즈니스 자체가 새로운 공간이 끊임없이 생기는 업종이기도 하다. 그래서 공간 경험을 원하는 많은 이들이 몰리다 보니 이제는 가오픈 중인 카페만 찾아다니는 이들도 있다. 정식 오픈하기 전 시뮬레이션해보는 기간이지만, 소비자 입장에서는 아무도 가보지 않은 곳에 대한 정보를 선점한다는 데 더 큰 의의가 있다. 요즘처럼 자신의 일거수일투족을 공유하는 세상에서 누구보다 먼저 새로운 곳에 가봤다는 것은 정보선점을 넘어 권력이 된다.

"사무실 근처의 신상카페!! 지난주부터 가오픈을 하시고 드디어 이번 주에 정식오픈을 하게 된!! 기대한 만큼 너무 예뻤다. 이곳이 바로 포 토존인가?"

핫플레이스나 가오픈한 공간을 방문하다 보면 인테리어 스타일 이 눈에 들어온다. 예컨대 '미드센추리모던' 스타일 같은 것이다. 언급량 자체는 아직 많지 않지만 증가속도만큼은 예사롭지 않은 이 스타일은 1940~60년대 모더니즘의 영향을 받은 단순하고 간결

〈인테리어 스타일 언급량×관심증가율 매트릭스〉

	관심 감소	관심 유지	관심 증가
언급량 많음	북유럽, 인더스트리얼	빈티지, 모던, 럭셔리, 프렌치	앤티크, 레트로, 미니멀
언급량 보통	캐주얼, 킨포크, 오가닉		일본감성
언급량 적음	믹스앤매치, 프렌치시크	뉴트럴, 에스닉	뉴트로, 미드센추리

출처 | 생활변화관측소, 2016.01.01~2019.06.30

한 디자인이 특징이다. 아르네 야콥센, 찰스&레이 임스 부부, 조지 넬슨 등이 대표적인 디자이너이며 이들의 에그체어, 에펠체어, 라운지체어, 버블램프 등은 모던 인테리어를 상징하는 작품이 되었다. 앞에서 언급된 루이스폴센의 PH5도 조명건축가인 폴 헤닝센의 작품을 제조회사인 루이스폴센에서 상품화한 것이다.

이처럼 낯설고 난해한 인테리어 브랜드와 디자이너 상품들이 상업공간을 넘어 이제 주거공간에도 놓이기 시작했다. 핫플레이스 등 외부공간에서 학습한 경험을 집에 적용하는 것이다.

호텔리시함의 로망이 욕실 수전으로

취향을 학습시켜 주는 오프라인 공간으로 호텔을 빼놓을 수 없다. 인테리어와 관련해 호텔에서 학습하는 것은 바로 고급스러움, 쾌적함, 분위기, 이국적인 느낌 등이다.

집 인테리어에서는 기대할 수 없는 호텔만의 감성이 있다. 이는 흔히 '로망'이라 표현되곤 하는데, 구체적으로는 뷰(view), 화장실, 인테리어에서 온다. 호텔의 뷰나 화장실, 인테리어는 일상적으로 보고 느낄 수 없는 것들이기에 로망을 자극한다. 호텔 중에서도 6성급 호텔은 바로 이런 로망을 충족시켜주는 공간이고, 밀레니얼들은 이러한 공간의 경험을 부지런히 늘려가고 있다. 이국적인 뷰에 흠뻑 취하고, 고급스러운 인테리어와 호텔 특유의 쾌적함을 갈망한다.

"양쪽에 있던 기가 막힌 욕조 클라스 좀 보세요. 아난티코브 객실 킬링 파트는 이 테라스. 진짜 어찌나 고급스럽던지, 막 찍어도 잘나와요 ㅋㅋ"

"이 자리는 바다까지 미친 뷰. 아 창밖으로 보이는 바다, 오션뷰로 하기 잘했다. 경치 보는 것만으로도 너무 좋아서 나가기 싫었어요 ㅋㅋ"

"내가 제일 좋아하는 신라호텔. 여기서 자면 진짜 꿀잠 잔다. 어쩜 저렇게 푹신하고 폭 감기는지… 거의 기절한 줄 ㅋㅋ 언제 와도 쾌적 그 자체"

극강의 공간 경험을 맛보게
하는 호텔 인테리어는 집 안에

▲힐튼 부산 아난티코브 인피니티풀 및 객실 뷰 (출처 | 힐튼부산(hiltonbusan.com), 아난티코브 (www.theananti.com/kr) 공식 홈페이지)

〈'호텔+인테리어' vs '집+인테리어' 연관 감성어 순위〉

	호텔+인테리어		집+인테리어
1	깔끔하다	1	예쁘다
2	예쁘다	2	깔끔하다
3	넓다	3	힐링
4	힐링	4	넓다
5	깨끗하다	5	어울리다
6	**고급스럽다**	6	깨끗하다
7	편하다	7	감성적
8	**럭셔리**	8	편하다
9	기분좋다	9	두근두근
10	신나다	10	기분좋다
11	**이국적**	11	귀엽다
12	편안하다	12	이국적
13	조용하다	13	신나다
14	멋지다	14	행복하다
15	편리하다	15	보들하다
16	돋보이다	16	부드럽다
17	조화롭다	17	미니멀
18	세련되다	18	심플하다
19	참신하다	19	아프다
20	귀엽다	20	고급스럽다
21	신기하다	21	밝다
22	심플하다	22	돋보이다
23	화려하다	23	멋지다
24	부드럽다	24	내추럴
25	**쾌적하다**	25	신기하다
26	행복하다	26	편안하다
27	시원하다	27	시원하다
28	두근두근	28	답답하다
29	어울리다	29	포인트주다
30	아름답다	30	설레다
31	밝다	31	딱이다
32	설레다	32	실용적
33	**분위기있다**	33	세련되다
34	기분좋아지다	34	조용하다
35	딱이다	35	아늑함

출처 | 생활변화관측소, 2013.01.01~2018.08.31

큰 변화를 가져온다. 쾌적함과 연관되는 호텔 침구는 만족도가 높다. 호텔은 매일 갈 수 없지만 호텔 침구를 통해 호캉스 때의 기분만이라도 매일 느낄 수 있기를 기대한다.

6성급 호텔에서 기대하던 화장실. 한국의 집에서 가장 천편일률적 공간인 화장실도 호텔의 욕실을 접하며 눈높이가 높아지고 있다. 호텔 욕실 스타일로 타일을 바꾼다든지, 옷을 걸치거나 잠깐 앉을 수 있는 벤치를 놓는다든지, 멋진 욕조로 바꾼다든지, 또는 아예 욕조를 없애고 샤워실만 설치하기도 한다. 샤워실을 만들기 위해 수전에 대한 공부도 한다. 조명 브랜드를 꿰고 있듯이, 이제 수전 브랜드에 대해서도 공유하고 직구해 집 수전을 바꿔나간다.

"드라마틱하게 변신한 욕실 그동안 계속 갖고 싶었던 수전과 샤워기는 모두 한스그로헤로. 이 기회에 독일 아마존에서 직구했어요. 그리고 저번 하와이 갔을 때 보니 욕실에 벤치가 있던데 진짜 편하고 좋더라구요. ㅎㅎ 샤워 후 갈아입을 옷이나 타월 등을 잠시 놓아두는 용도로 사용할 수도 있고, 앉아서 편하게 옷을 입고 벗거나 잠시 사색에 잠겨 있을 수도 있어요. 저의 드림 욕실을 점점 완성해가고 있네요."

전문화된 콘텐츠로 채우는 공간

또 하나의 강력한 경험은 바로 콘텐츠가 있는 공간이다. 특히 책이 콘텐츠인 공간에 대해 이야기하려 한다. 대형서점이 동네서점을 모두 고사시키는 것 아닌가 하는 우려도 있었지만, 최근 다양한 니

〈'수전' 언급 추이〉

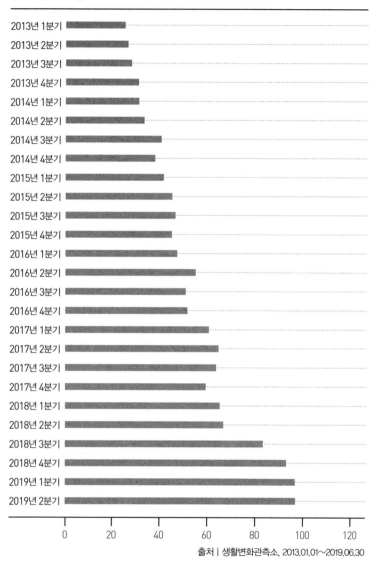

출처 | 생활변화관측소, 2013.01.01~2019.06.30

극강의 경험은 점점 더
밀레니얼들의 눈높이를 높인다.
이들의 눈높이를 만족시킬 수 있는
공간만이 살아남는다.

즈를 반영해 전문적인 콘텐츠로 무장한 서점들이 생겨나고 있다는 점은 고무적이다.

별마당도서관은 서점은 아니지만, 공간이 콘텐츠가 되어 소비자들이 누리게 해야 한다는 것을 보여주는 좋은 예다. 애초에 별마당도서관은 압도적으로 예쁜 사진 각도로 유명해졌지만, 사진을 찍을 수 있는 랜드마크뿐 아니라 매주 준비되는 강연과 문화행사들도 그들의 강력한 콘텐츠가 되었다. 그곳에서 책과 함께할 수 있는 공간을 공유하고 문화시민으로 대접받는 긍정적 경험을 한 소비자들은 별마당도서관의 팬이 된다.

또 하나의 예시는 사운즈 한남이다. 그다지 크지 않은 공간이지만, 새로운 복합문화공간으로서 경험해보지 못한 감각을 일깨워준다는 점에서 '한국이 아닌 것 같다'는 평을 받는다. 한국이 아니면 어디일까? 바로 유럽이다. 유럽의 작은 마을을 산책하는 기분이 드는 공간 설계에 사람들은 반해버렸다.

"일단 계단을 오를 때마다 들어오는 빛의 풍경이 좋더라. 그거 하나로 오는 의미가 생기는 것 같은… 공간의 미학…"
"한남동 트레이드 마크 중 하나인 사운즈 한남. 탈한국과 인생샷을 남기기 좋은 곳(?)"

사운즈 한남에는 F&B공간 및 각종 상업시설과 함께 서점이 2개 있다. 편집 서점과 그림책 서점인데 모두 생소한 공간이다. 앞에서 언급했듯이, 산업이 발전하면 세분화되기 마련이다. 이제 한국의 서점은 모든 분야의 책을 가져다놓고 파는 공간에서, 특정 사람들의 니즈를 반영하여 콘텐츠를 전문화하고 그들에게 자극을 주는 문화공간이 되고 있다. 사운즈 한남의 스틸북스는 매달 주제를 정해 그에 맞는 MD구성과 강연을 준비하고, 스틸로는 그림책과 키즈라는 타깃을 잡아 독립서점들이 시도하는 서점의 전문화, 세분화 가능성을 높여주고 있다. 공간은 콘텐츠로 채워져야 하고, 문화 콘텐츠로 채워진 공간은 소

비자에게 취향이라는 권력

▶스틸북스 전경

▲별마당도서관의 강연 프로그램

을 돌려준다는 것을 보여준다.

핫플레이스에 놓이는 디자인적 심미성, 호텔의 이국적이고 쾌적한 공간, 전문화된 콘텐츠로 풍요해진 공간(사운즈 한남은 콘텐츠가 풍요로우면서 이국적이기까지 하다!), 이렇게 좋은 공간에 대한 경험은 점점 더 많아지고, 나를 증명할 거리가 필요한 소비자는 새로운 공간을 계속 찾고 경험한다.

미션 클리어하듯 나의 능력을 확인하는 과정이 즐겁다

이렇게 밖에서 보고 배운 게 많은 사람들의 인테리어는 어떻게 진행될까? 멋진 경험이 많아질수록 내게는 자원과 공간이 한정되어 있음을 절감하게 된다. 그래서 집을 싹 뜯어 고치는 기존의 리모델링은 엄두를 못 내고, 하나씩 야금야금 바꾸면서 나의 취향을 실현해간다.

자원이 빠듯할수록 중요한 것은 언제나 그렇듯이 가성비와 꿀조합이다. 어떤 영역에는 힘을 많이 주고, 어떤 영역에는 조금 빼야한다. 루이스폴센 PH5는 너무 비싸기 때문에 루이스폴센 판텔라 미니를 사고, 프리츠한센 스타일의 이케아 테이블을 사기도 한다.

인테리어의 장점은 즉각적인 변화가 눈으로 확인된다는 점이다. 그런 점에서 선택되는 첫 번째 품목은 페인트다. 셀프 인테리어 즉 '셀인'의 연관 시공으로 페인트에 대한 언급이 가장 높은데, 페인트칠로 색깔을 바꾸는 것은 투입 대비 가장 극적인 변화를 기대할 수 있기 때문이다. 한때 유행했던 체리색 몰딩과 체리색 붙박이장은 물리쳐야 마땅한 공공의 적이 되었다. 앞에서 언급한 이국적이고 분위기 있는 인테리어에 반(反)하는 대상이 바로 이 체리색 인테리어다.

"이사올 때부터 마음에 안 들던 체리색 몰딩과 창틀과 문색깔…ㅜㅜ
ㅜㅜ 보기만 해도 치가 떨리는 체리색 ㅜㅜ 예산 때문에 다른 건 못해
도 당장 페인트칠부터 하기로 했다."

이렇게 스스로 색깔을 바꾸는 이들에게 또 하나의 가성비 좋은 아이템이 있다. 문고리와 손잡이다. 내 손으로 직접 할 수 있는 딱 적당한 난이도와 가격대의 셀인이 바로 문고리와 손잡이를 바꾸는 것이다. 문고리 하나만 바꿔도 분위기가 달라지는 것은 경험으로 증명되고 있다.

"오피스텔 월세로 들어가요. 요즘 오늘의집 사이트 매일 들어가서 보
는데, 문고리 고치면 집이 확 달라 보여서, 저도 오늘 문고리닷컴서 블
랙 문고리랑 로즈골드 손잡이 주문했네요."

이렇게 내 공간에 맞는, 내 예산에 맞는 최적의 꿀조합을 찾는 일은 노동이 아니라 놀이가 되었다.

〈'셀프인테리어' vs '인테리어' 연관 시공〉

	셀인(셀프인테리어)		인테리어(셀인 언급 제외)
1	**페인트**	1	도배
2	바닥	2	바닥
3	타일	3	벽지
4	벽지	4	장판
5	도배	5	샷시
6	몰딩	6	배관
7	장판	7	몰딩
8	철거	8	철거
9	샷시	9	타일
10	목공	10	필름

출처 | 생활변화관측소, 2016.01.01~2019.08.31

〈'셀프인테리어' vs '인테리어' 연관 아이템〉

	셀인(셀프인테리어)		인테리어(셀인 언급 제외)
1	가구	1	싱크대
2	소품	2	가구
3	**손잡이**	3	중문
4	싱크대	4	붙박이장
5	액자	5	손잡이
6	선반	6	신발장
7	테이블	7	수납공간
8	침대	8	선반
9	소파	9	소품
10	**문고리**	10	식탁

출처 | 생활변화관측소, 2016.01.01~2019.08.31

이는 맛집 투어가 놀이가 된 것과 비슷하다. 미션을 하나씩 완수해가듯, 맛집 투어 자체가 목표가 된다. 미션 클리어 행위는 나의 존재감을 드러내준다. 어디서? 인스타그램에서. 능력의 과시든 칭찬에 목마른 사람들의 자기만족이든, 이 시대에는 누구든 콘텐츠화할 수 있는 것들을 찾아다닌다.

인테리어든 맛집 투어든 일련의 과정을 통해 자신이 확보한 정보를 공유하는 것까지 모두 놀이의 과정이다. 남들보다 더 좋은 조건의 사이트 찾기를 놀이처럼 생각하고, 시키지 않아도 공유한다. 그러한 점에서 직구 또한 나의 능력을 보여주는 좋은 수단이다. 직구를 통해 더 이상 유통구조에 휘둘리지 않고 스스로 실리를 챙기는 소비자임을 입증하는 것이다. 지금도 소셜미디어 세대들은 직구 같은 새로운 루트를 찾느라 눈을 밝히고 있다.

마케터나 기획자라면 소비행위를 '당신만 아는 혜택'이 있는 놀이처럼 만들어, 소비자들이 그 과정에서 희열을 느낄 수 있도록 해주어야 하지 않을까?

결과는 아름다워야 한다, 공유하기 위해서

외부 공간에서 사진을 찍는 곳은 어디인가? 한 컷을 찍도록 만들어진 콘텐츠와 찍기 좋은 구도가 있는 곳에서 우리는 모두 반응한다. 별마당도서관은 두 가지 모두에 해당되는 좋은 예다. 그 밖에도 훌륭한 건물에는 멋진 파사드와 대표되는 조형물 등 저마다의 '시그니처 신'이 있다. 신라호텔에는 샹들리에가, 싱가포르 리츠칼튼 호텔에는 팔각형 창문이 있다. 이는 내가 이 호텔에 다녀갔음을 인증하게 한다. 내가 인증하면, 사람들이 알아봐준다.

인증을 위한 포토존은 이제 집으로 들어왔다. 집에서 어디가 포토존이 될 수 있을까? '#집스타그램', '#홈인테리어' 해시태그에서 가장 많이 나오는 장면은 바로 홈카페다. 홈카페에 어울리는 식탁 테이블과 조명, 싱크대에 있는 드롱기 에스프레소 머신과 발뮤다 토스트기는 기본이다.

하지만 아무리 예쁜 공간이라도 매일 찍어 올리기에는 너무 심심하다. 이 공간을 포토존으로 만들기 위해서는 매일 변화를 줄 수 있는 치트키(cheat key)가 필요하다. 돈을 많이 들이지 않고도 매일 변화를 줄 수 있는 치트키는 바로 꽃과 과일이다. 생화가 아닌 튤립을 색깔별로 판매하기도 하는데, 화병에 매일 다른 색깔의 꽃을 꽂아두기만 해도 분위기가 확 달라진 사진을 만들

▲집 안으로 들어온 포토존

수 있다. 마찬가지로 딸기나 망고처럼 알록달록한 과일은 훌륭한 소품이 되어 홈카페의 전형적인 신을 만들어준다.

　이처럼 대표하는 랜드마크가 있고 다양한 변주가 가능하다면 그곳은 훌륭한 시그니처 신으로 사랑받을 것이다. 그러니 공간 브랜드라면 우리 공간의 시그니처 신을 그려보자. 유통 브랜드나 소비재 브랜드라면, 소비자의 공간에 포토존이 될 만한 다양한 변주를 제공할 수 있는지 고민해보자.

과정은 즐거워야 하고,
결과는 아름다워야 한다.
공유하기 위해서다.

밀레니얼의 커뮤니케이션 방식을 이해하자

불합리하고 소비자들이 통제하기도 어려웠던 인테리어 산업은 밀레니얼에 의해 변화하고 있다. 통제권은 소비자에게 넘기고, 즉각적이고 살가운 커뮤니케이션을 하자. 소통에 성공하면 소비자 스스로 맹목적인 팬이 되어줄 것이다.

'인알못'이 인테리어하는 과정을 이해하자

정보탐색 과정이 달라지고 인테리어 과정이 조각나고, 과정마다 다른 소비채널을 적용하여, 개인만의 꿀조합을 찾고 공유한다. 이들은 다양하고 수준 높은 공간 경험을 일상적으로 하고 있다. 그리고 높아진 눈높이만큼 주거공간에 점점 더 힘을 줄 것이다. 인테리어는 그 자체로 재미가 되고, 나의 능력을 확인하는 과정이 된다.

어느 곳이든 인증을 위한 공간의 시그니처가 필요하다

집밖에서는 그 공간임을 증명할 수 있는 시그니처가, 집 안에서는 나의 능력을 보여줄 수 있는 포토존의 변주로서 시그니처가 필수가 되었다.

Part 2

변화하는 관계

메박 미쳤네요. 이건 소장각!

Chapter 3.
혼자 사회, 새로운 공동체를 찾아서
박현영

혼자 사회에는 혼자에 대한 로망과
새로운 공동체에 대한 갈망이 공존한다.
흩어진 개인들을 연결하는 구심점 역할을
기업이나 브랜드가 할 수 있지 않을까?
그러려면 기존과 달라진 공동체의 새로운 규칙을 익혀야 한다.
무엇보다, 그들의 친구가 되어야 한다.

혼자만의 시공간이 계속 전문화한다

생활변화를 이해하기 위해 주목해야 할 현상은 '1인가구'가 아니라 '1인용 삶'이다. 같은 집에서 1인이 사는지 여럿이 사는지가 중요한 것이 아니라 우리 모두 '혼자 있기를 로망한다'는 것이 핵심이다. 혼자 있는 시간을 확보하기 위해 사투하고, 혼자 있는 시간을 방해받았을 때 불같이 화를 낸다. 혼자 있는 공간을 윤택하게 하기 위해 돈과 시간을 투자한다. 이러한 욕망은 다양한 현상으로 나타난다. 예를 들면, 게이밍룸이다.

80쪽 도표에서 보듯이 '게이밍' 언급량은 2017년 1분기에 한 번, 2018년 4분기에 한 번 크게 상승했다. 어려서부터 게임을 하고 자란 밀레니얼 세대에게 게임은 실내 취미의 하나로 자리잡았다. 이제 게임은 단순한 오락거리가 아니라 생활의 일부이며 투자의 대상이다. 투자 대상은 매 단계 달라진다. 처음에는 노트북, 모니터와 같은 기본 장비에 투자한다. 그러다 키보드, 마우스 같은 조작도구에 투자하고, 마지막은 공간에 투자한다. 게이밍 의자와 헤드폰을

〈표로 정리한 혼자 사회의 공동체〉

	키워드	내용
혼자	혼자에 대한 로망	혼자만의 시공간을 원한다, 혼자만의 시공간이 계속 진화한다.
공동체	새로운 공동체를 찾아서	기존의 공동체를 거부하고 내 관심사를 기반으로 모인 새로운 공동체를 원한다.
정보와 플랫폼	방대한 정보와 플랫폼	새로운 공동체는 내 관심사에 관한 양질의 정보 및 그 정보를 얻을 수 있는 플랫폼이 있기에 가능하다
브랜드와 관계	서브스크립션의 시대	브랜드는 새로운 공동체의 구심점이 될 수 있다. 그러려면 소비자가 아니라 브랜드의 팬과 친구관계를 구축해야 한다.

2020년 트렌드 한 줄 요약 : 어느 때보다 소중해진 개인이 새로운 공동체를 찾아나서는 여정. 이 여정을 함께하고자 하는 브랜드는 소비자가 아니라 친구(팬)를 구해야 한다.

들여오고, 책상, 음료 냉장고, 장식장을 갖춰 공간 자체를 PC방으로 만든다. 이 모든 것이 게이밍을 위한 투자다.

비단 혼자 사는 남자들만의 이야기가 아니다, 홈시어터를 꾸미듯, 멀티미디어룸을 만들듯, 방 하나를 아예 PC방으로 꾸미는 신혼 가구가 늘고 있다. 코코팜, 웰치스, 왕소라처럼 PC방에 특화된 음료와 과자를 갖춰놓고 '음료 1개 가격 : 설거지 1회, 과자 1개 가격 : 청소 1회' 등 귀여운 가격표가 포함된 메뉴판까지 갖춘다. 본인이 좋아하는 것을 위해서라면 전문시설의 전문집기가 집 안으로 들어올 수 있다.

〈'게이밍' 언급 추이〉

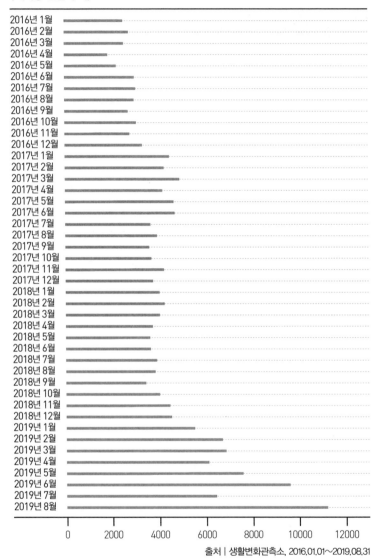

출처 | 생활변화관측소, 2016.01.01〜2019.08.31

집으로 들어온 PC방 의자와 쌍벽을 이루는 것은 '리클라이너'다. 리클라이너는 2016년부터 언급량이 늘기 시작해 최근 3년간 4배 이상 증가했다. 소셜빅데이터는 전체 언급량의 규모가 워낙 크기 때문에 단일 키워드가 몇 배씩 증가하기 쉽지 않다. 3년 사이에 4배 이상 증가했다면 급상승한 것으로 본다.

리클라이너는 소파와 비슷한 의자이지만 모두를 위한 것이 아니라 1인을 위한 전용의자다. 소파는 넓고 저렴한 것을 찾고 있지만 리클라이너는 고퀄리티에 인테리어 효과가 있는 것을 고른다. 고급 스파에서나 볼 수 있었던 리클라이너가 거실로 들어왔다는 것은 전문적인 고퀄리티 장비들이 점차 개인화, 일상화되고 있음을 의미한다.

이때 중요한 것은 '전문성'과 '고퀄리티'다. 개인용이라고 해서 눈높이와 안목이 낮다고 생각해서는 안 된다. 개인용이기 때문에, 나만을 위한 것이기에 더욱 눈높이가 올라간다. 소비자 개개인은 전문가가 아니다. 하지만 검색 한 번으로 너무나 간단하게 전문가의 제품이 무엇인지 알게 된다. 그러므로 우리 제품이 최고 퀄리티 제품이 아니라면 최고의 제품 대비 어떤 효용이 있는지 이야기할 수 있어야 한다. 중간은 없다. 전문제품 스타일에 가성비 끝판왕이라 하거나, 아니면 퀄리티 끝판왕을 붙여야 한다.

또 하나 기억할 것은 인테리어 효과다. 게이밍 의자도 리클라이너도 중요한 것은 성능이 아니라 디자인, 즉 인테리어 기여도다. 밀레니얼 세대는 내 집도 아니고 경제적 자원도 부족하지만 싱크대

〈'리클라이너' 언급 추이〉

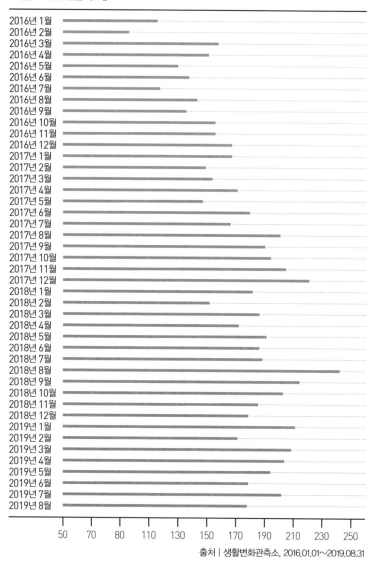

상부장을 뜯어내고, 타일을 새로 붙이고, 체리색 몰딩을 하얗게 칠하고야 마는 사람들이다. 그들의 인테리어 눈높이는 호텔이다. 호텔로 바캉스를 간다는 의미의 '호캉스'는 2018년 여름 '바캉스'를 역전해 겨울 휴가까지 접수했다. 호캉스가 여름뿐 아니라 겨울까지 아우르며 계절을 넘나드는 일상의 이벤트가 되고 있는 것이다.[1] 집으로 들어가는 전문-고퀄리티 제품, 그 제품의 경험은 호텔에서 이루어질 가능성이 높다. 호텔에서 경험한 침구, 매트리스, 러그, 협탁, 협탁 위의 소품, 욕실 벤치 등. 호텔리시함은 휴가의 옵션이었다가 어느새 휴가의 필수조건이 되었다. 이제는 여행의 조건이 일상의 필수요소로 옮겨올 차례다. 식비는 줄여도 호텔 수건은 포기할 수 없다.

  이렇듯 전문제품이 집으로 들어온다. 다음으로 들어올 전문제품은 무엇이 있을까? 적극적 휴식을 위한 제품들을 눈여겨보자. 모두를 위한 휴식이 아니라 꼭 집어 나만의 휴식을 위한 제품. 설령 우리 회사의 제품이 생산성과 효율성에 기여하는 용도라 해도 결국 당신의 휴식을 위한 제품이라고 주장하자. 예컨대 나만의 시공간을 중시하는 시대에 '육아템'의 효용은 확실하다. 아기 장난감이든, 이유식 도구이든, 기저귀 정리함이든, 그것이 무엇이든 육아템의 용도는 하나다. '육아템 하나당 부모에게 5분의 휴식시간을 제공한다.'

---

1) 출처 : 생활변화관측소 VOL.2 '여가 - 호캉스' 편.

1은 예민하고, 2는 불편하고, 3은 은밀하다

혼자만의 시공간 진화와 관련한 또 다른 현상은 '반려'의 상승이다. 애완동물이 반려동물이 된 것은 어제오늘 일이 아니지만 여전히 '반려동물'이라는 표현은 증가하고 있다. 반려 물고기, 반려 도마뱀, 반려 달팽이가 언급되고, 반려식물로도 확장되었다. 나아가 반려사물까지 등장한다. '반려'의 대상은 말을 하지 않는, 대화가 없는 존재들이다. 이런 면에서 '반려○○'은 '혼○'의 또 다른 표현이다.

그중 주목할 것은 '반려사람'이라는 표현이다. '반려사람'은 '반려인', '반려친구', '반려가족', '반려인간' 등 다양한 표현으로 불리는데, 이때 '반려사람'은 같이 사는 다른 사람을 일컫는 말이 아니다. 반려동물이나 식물 입장에서 본인 스스로를 '반려사람'이라 지칭하는 것이다. 반려동물과 동등한 존재로 스스로를 지칭함으로써 인간의 우월함을 내려놓는 것일까? 인간에 대한 실망감을 드러낸 것일까? 어느 쪽이든 오늘날 인간은 '반려'라는 이름으로 자기 종족 이외의 동족을 찾고 있다.

한편으로는 인간 내에서 동족을 찾는 움직임도 있다. 금요일 저녁 늦은 시각 홍대 뒷골목 작은 교리실 같은 곳에서 열린 북토크 자리, 저자는 오랜만에 동족을 만난 것처럼 설렌다고 하였다. 오늘 처음 만난 사람들, 북토크를 주최한 출판사의 명성이나 책의 명성에 비해 작디작은 모임, 끝나고 인사 없이 뿔뿔이 흩어지는 사람들을 두고 저자는 '동족', '친족'이라는 표현을 쓰며 감격했고 며칠 뒤 메일도 보내주었다. 메일은 현재 저자가 속해 있는 조직(직장) 생활의 어려움으로 시작해 북토크에서 친족을 만난 반가움으로 이어졌다.

본인의 직장이 아니라 본인의 관심사에 기반한 자발적 참가 모임, 설령 그 모임에서 통성명을 하지 않는다 하더라도 전자보다 후자가 나와 공통점이 더 많다고 느끼는 시대가 되었다. 확실히 우리는 과거와 다른 식으로 관계를 맺고, 다른 공동체 속에서 자신을 찾고 있다.

새로운 공동체를 찾아 떠나는 여정에는 두 가지 양상이 공존한다. 하나는 기존의 공동체에 대한 거부반응, 다른 하나는 새로운 공동체에 대한 탐색이다. 그리고 하나를 더 추가한다면 이런 반응을 보이게 된 배경에 해당하는 자기인식의 변화가 있다. 우리는 스스로를 어떻게 인식하는가?

'민감하다(+예민하다)'의 언급량이 최근 3년간 2.5배 상승했다. 사람들이 민감해하는 대상도 변화했다. 크게 나눠보면 관계, 환경, 피부 등이다. '민감하다', '예민하다'는 소셜빅데이터 분석사전에서 부정감성으로 분류되어 있다. 하지만 뉘앙스를 읽어보면 부정적인 것이 아니다. '나'를 더 소중히 여기게 된 개인이 스스로를 민감하다(예민하다)고 인식하는 것이다.

"친구가 한 말이 자꾸 집에 와서도 맘에 걸리고… 해서 어디 말할 데

〈'민감하다', '예민하다' 언급 추이〉

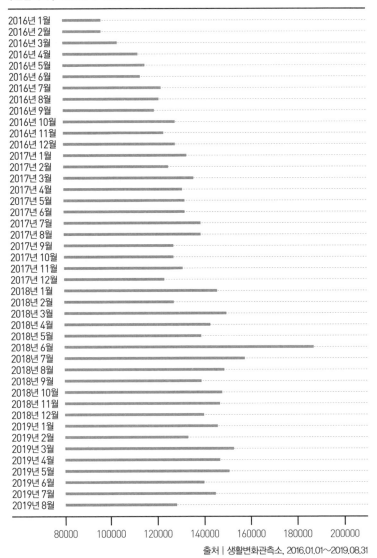

출처 | 생활변화관측소, 2016.01.01~2019.08.31

가 없어서 여기 풀어놔요. 제가 예민한 건가요?"

"저는 비염이 너무 심하거든요. 다른 사람들의 두 배 세 배쯤 민감하게 반응을 하니까 요즘 같은 계절에는 정말 괴롭습니다."

"염색을 하다 보니 제일 걱정되는 건 머릿결이 아닌 두피! 두피가 점점 건조해지고 민감해지는 게 느껴지더라고요."

민감성 피부는 원래 아무 화장품이나 사용할 수 없는 매우 특이한 사람들을 위한 분류였는데 요즘은 자기 스스로를 민감성 피부로 인식하는 사람들이 가장 많다고 한다. '유당불내증' 호소도 높아졌다. 우유를 소화시키지 못하는 사람들의 비중이 갑자기 증가한 것일까? 아마도 그런 증상이 있음을 알고 자각한 사람들이 늘었을 것이고, 그런 증상이 있다고 말하는 것이 용인되는 사회 분위기이기에 언급량이 늘었을 것이다. '나는 우유든 뭐든 소화 안 되는 게 없어!'라고 말하는 것보다 '나 유당불내증이 있어. 라떼 시킬 때 우유 대신 두유로 바꿔줘'라고 말하는 것이 현대인에 가깝다. 적어도 현대인임을 증명하기에 부족함은 없어 보인다.

이처럼 민감한 개인들에게 가장 불편한 것은 사회생활이다.

2016년부터 '불편하다'라는 서술어의 언급량이 지속적으로 늘고 있다. '불편한' 감정을 느끼는 주요 상황은 '점심시간', '회식', '사회생활' 등 회사 조직과 관련되어 있다. 그중에서도 사회생활의 대표적인 고충으로 여겨지는 '회식'보다 일상적인 '점심시간'이 더 불편한 것으로 나타난다. 마음놓고 쉬고 싶은 점심시간까지 회

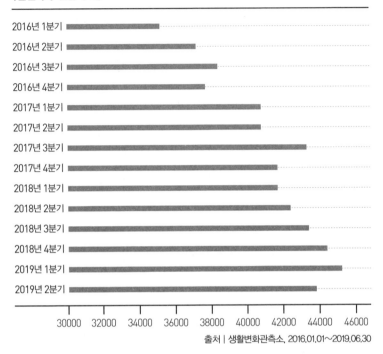

<"불편하다' 언급 추이>

2016년 1분기
2016년 2분기
2016년 3분기
2016년 4분기
2017년 1분기
2017년 2분기
2017년 3분기
2017년 4분기
2018년 1분기
2018년 2분기
2018년 3분기
2018년 4분기
2019년 1분기
2019년 2분기

30000 32000 34000 36000 38000 40000 42000 44000 46000

출처 | 생활변화관측소, 2016.01.01~2019.06.30

사 사람들과 같이 보내야 한다는 것이 이유다. 회식은 월이나 분기 혹은 반기 단위로 행해지며 어느 정도 예측 가능하다. 회식은 불편 하지만 함께해야 한다는 데 이견은 없다. 반면 점심시간은 누군가 에게는 친목을 도모할 수 있는 유일한 시간이고, 다른 누군가에게 는 혼자 보낼 수 있는 유일한 시간이다.

이에 밀레니얼 세대는 돌파구를 찾는다. 자격증 공부, 네일아트, 헬스, 요가… 모두 1시간 안팎을 '혼자' 보낼 수 있도록 핑계가 되어주는 것들이다. 점심시간 풍경이 회사 근처 식당에서 무리 지어 밥 먹는 것에서 '혼자만의 소비의 시간'으로 변화하고 있다.

이 글을 읽고 있는 당신이 마케터라면 직장인의 점심시간을 제품/서비스 판매의 기회로 삼기 바란다. 회사 근처에서, 1시간 안에, 혼자 가야 할 핑계가 되어주는 활동을 행할 수 있으면 직장인의 점심시간 니즈를 제대로 충족시켜 주는 것이다. 심지어 실제로 그 행동을 하지 않아도 된다. 은행 간다는데 같이 가자고 하지 않는 것처럼 누군가 눈치 없이 따라오겠다고 하지 않을 만한 것이면 된다.

이 글을 읽고 있는 당신이 크건 작건 팀의 리더라면 팀원 모두 같이 점심 먹는 시간을 따로 정하라. 그렇게 하면 같이 먹지 말자는 부정의 언어를 쓰지 않고도 점심은 각자 먹는 것임을 암시할 수 있다. 혹시나 《혼자 밥 먹지 마라(Never Eat Alone)》라는 자기계발서의 제목을 떠올리며 '이러면 안 되는데…'라고 생각한다면 생각을 바꾸어야 한다. 혼자만의 점심시간을 갖고 싶다는 것은 인간관계를 소홀히 한다거나 관계 맺기의 기술이 없다는 뜻이 아니다. 지금 속한 그 조직 구성원들과 함께해야 하는 반복적이고 재미없는 시간을 거부하겠다는 뜻이다. 《혼자 밥 먹지 마라》라는 책의 주장도 전략적으로 인간관계를 만들어가자는 것이지, 매일 똑같은 사람들과 비전략적인 점심시간을 반복하라는 의미는 아닐 것이다.

민감하고 예민한 사람들이 찾아가는 공동체, 회사조직처럼 불편한 기존의 공동체를 대신할 새로운 공동체는 어떤 모습일까? 사람들이 찾아나서는 새로운 공동체에는 새로운 규칙이 있다.

하나, 나를 침범하지 말 것.
둘, 나의 즐거움을 해치지 말 것.
셋, 새로운 경험을 가능하게 할 것.

나를 침범하지 않고, 즐거움을 해치지 않고, 새로운 경험을 가능하게 하는 느슨한 공동체. 이 시대가 적극적으로 찾아나서는 공동체의 모습이다. 집에서도 소원하고, 직장에서도 뾰로통하게 굴던 그들이 퇴근 후 어딘가에서 은밀하게 모인다는 뜻은 아니다. 기존의 공동체가 아닌 다른 공동체에서 다른 관계를 구축해간다는 뜻이다. 제한적이고 선택된 관계, 정제되고 필터링된 관계, 특정 관심사로 모인 관계를 지향한다. 기존의 관계가 호구조사부터 시작하는 관계, 나이·결혼 여부·학력과 직급으로 정의되는 관계, 상하관계 아니면 참견과 경쟁의 관계임을 감안하면 확연히 다른 관계다.

기존의 공동체	새로운 공동체
내가 선택된 관계	내가 선택한 관계
호구조사부터 시작하는 관계 나이·결혼 여부·학력과 직급으로 정의되는 관계 상하관계 또는 참견과 경쟁의 관계	제한적이고 선택된 관계 정제되고 필터링된 관계 특정 관심사로 모인 관계
'관심사'를 제외하고 모두 공유하는 관계	'관심사'만 공유하는 관계

기존의 공동체가 실용적인 목적 하에 만나 불필요한 의무를 요구해 피곤하기만 했다면, 이제는 '내가 좋아하는 관심사'를 중심으로 모인 새로운 공동체에서 서로를 이해하며 '우리'가 좋아하는 행위들을 즐기고 관계를 확장한다.

　'스타 동물'을 중심으로 한 반려동물 커뮤니티는 새로운 공동체의 좋은 예시다. 트위터 스타 '이웃집의 백호'는 팔로워 47만 명, 인스타그램 스타 '짱절미'와 '달리'는 각각 90만과 36만, 유튜브 스타 '크림히어로즈'는 275만 명의 팔로워를 보유하고 있다. 반려동물을 매개로 생겨나는 반려동물 커뮤니티는 더 이상 '반려인'들의 정보교환만을 위한 장이 아니다. '반려'의 범주가 넓어졌듯, 그들의 커뮤니티 또한 굳이 반려동물을 기르지 않더라도 '관심'이 있는 사람들이면 적극적으로 참여하는 형태로 진화했다. 특히 스타 반려동물을 중심으로 사람들이 모이는 관계의 경우 별다른 의무감 없이 '귀여워하기만' 하면 되기 때문에 빠른 속도로 커지고 있다. 이러한 공동체는 단순하게 반려동물에 대한 정보를 공유하거나 스타 동물의 성장을 지켜보는 것뿐 아니라 달력 판매를 통한 기부, 동물보호 관련 이슈 공유, 유기동물 입양, 양육환경 개선과 같이 다양한 분야로 커뮤니티의 주제를 확장하고 있다.

"사람 만나는 건 피곤해서 절대 밖에 안 나가지만 산책회 때문에 진짜
　오랜만에 맘먹고 일산까지 다녀옴ㅜㅜ 백호 세상에서 젤 귀여워."
"달숙언니 인스타 보고 큰돈은 아니지만 기부했습니다. 이 땅에 유기

견들과 학대당하거나 부당하게 안락사당하는 일이 조금이라도 적어
지길 기도합니다."

　과거에도 취미생활이나 관심사를 공유하는 커뮤니티는 존재했
다. 하지만 최근에 나타나는 커뮤니티 행태는 과거의 그것과 분명
한 차이가 있다. 지금의 커뮤니티는 '취미'에 집중하는 것뿐 아니
라 자신의 삶과 직접적으로 연결된 요소에 디테일하게 주목하며,
단순히 시간을 들이고 돈을 소비하는 것을 넘어 크게는 사회적 이
슈로까지 확장된다.
　결국 새로운 공동체는 자기 정체성의 문제와 연결된다. 취향 기
반 공동체라고 하면 자신의 주전공은 다른 곳에 있고 남는 시간의
소일거리 정도로 여길 수 있지만, 관심사를 기반으로 형성된 적극
적 네트워크는 자신의 가치관과 소속감이 여기에 있음을 의미한
다. 커뮤니티 주관자는 참여자나 구독자를 고유한 이름으로 부른
다. 1세대 아이돌 팬들이 같은 색깔의 풍선을 흔들던 것, 지금 아이
돌이 팬들을 '우리 ○○이들~'이라고 부르는 것과 같은 맥락이다.
신(新)부족이라 할 수 있는 새로운 공동체는 그 고유한 이름 속에서
자신의 정체성을 찾는다. 물론 정체성은 하나가 아니다. 나는 여기
에서는 ○○이로, 저기서는 ㅁㅁ인으로, 또 다른 곳에서는 △△언
니/형으로 불릴 수 있다.
　이렇게 '관심'이나 '좋아하는 것'을 중심으로 커뮤니티가 강하
게 형성되는 것을 사회 네트워크 구성방식이 변화하기 시작한 것

어느 때보다 소중해진 개인이
새로운 공동체를 찾아나서는 여정

변화하는 관계

으로 볼 수 있다. 이 변화는 새로운 시장과 소비의 형성을 의미한다. 이 네트워크를 중심으로 '돈'이 돌기 시작한다면 이것은 새로운 문화와 사회구조의 변화를 이끌어내는 시발점이 될 것이다.

개인과 플랫폼의 협업 : 플랫폼은 모으고, 개인은 고른다

관심사를 기반으로 한 새로운 공동체는 어떻게 형성되었을까?

원리는 간단하다. 정보를 모아놓은 플랫폼이 존재한다, 그곳에서 정보를 찾을 수 있는 능력 있는 개인이 등장한다, 능력 있는 개인은 정보를 공유하고, 정보를 중심으로 많은 사람이 모인다. 정보를 주는 자와 받는 자가 정보를 기반으로 느슨한 공동체를 형성한다.

정보를 콘텐츠나 관심사로 바꿔도 원리는 동일하다. 정보를 얻은 개인의 행동이 어떻게 달라지는지는 패키지여행에서 자유여행으로 이동하는 여행 패턴을 보면 쉽게 이해할 수 있다. 해외여행 경험이 적고 해외에 대한 정보가 없을 때는 여행사라는 매개체에 돈을 주고 나의 여행경로와 방식을 통째로 맡긴다. 다른 여행객들과 불편한 관계를 맺어야 하고 시간 조정도 마음대로 할 수 없지만 대안이 없으므로 패키지 여행사에 주도권을 내어준다. 하지만 여행정보를 모아놓은 책자나 여행정보를 검색할 수 있는 플랫폼이 생기면 개인도 정보를 얻을 수 있다.

그러나 누구나 정보를 잘 찾고 여행사만큼 여행 루트를 잘 짜는 것은 아니다. 그중에 여행 경험이 월등히 많거나 여행 취향이 독특한 특별한 개인이 등장한다. 많은 사람들이 그 특별이의 경험과 취향을 학습하고, 그 특별이의 콘텐츠를 팔로우한다. 그 특별이를 중심으로 특정 관심사와 경험을 공유한 공동체가 형성된다. 다 모아주는 플랫폼과 선별할 수 있는 개인이 있기에 기존의 여행사 같은 매개체는 불필요한 존재로 전락한다.

여기에 등장하는 4개의 플레이어(플랫폼, 여행사, 특별이, 팔로워) 중에서 진화하지 않는 것은 여행사(매개체)뿐이다. 정보를 모으는 플랫폼도, 정보를 잘 선별하는 특출한 개인도, 그러한 개인을 찾아내 팔로우하는 개인도 모두 진화한다. 오직 매개체 역할을 하던 여행사만 진화하지 못한다. 능력이 없어서가 아니라 필요가 사라지기 때문이다.

이들이 어떻게 진화하는지 팔로워의 경우부터 알아보자. 새로운 경험은 원하지만 해외여행을 가본 적은 없는 여알못 씨가 있다고 가정하자. 예전 같았으면 여알못 씨는 동네 여행사를 찾아가서 상담을 받아야 한다. 여알못 씨는 여행사에서 권유하는 상품이 자신에게 적합한지 적정한 가격인지 알지 못한 채 받아들인다. 여행을 다녀온 뒤에도 만족스러운 여행이었는지조차 판단하기 어렵다.

지금은 어떤가? 여알못 씨는 우선 여행 카페에 가입한다. 다양한 여행 루트와 사례를 살펴보고 본인 마음에 드는 능력자들을 찾아낸다. 마음에 드는 능력자들의 인스타그램 피드를 보며 북마크하고 그들의 취향을 학습한다. 그리고 본인의 여행을 어떤 식으로 계획

할지 컨셉을 잡는다. 여알못 씨는 여행에 대해 아무것도 몰랐지만, 플랫폼에 모인 정보를 보고 적어도 어떤 키워드로 검색해야 원하는 여행 스타일을 찾을 수 있는지 알게 되었다.

여알못 씨의 여행 취향이 성숙했다고 할 수는 없다. 하지만 여알못 씨는 따라 할 취향 전문가를 찾아냈다. 컨셉이 정해진 여알못 씨는 루트를 짜고, 어떤 부분은 자유여행으로, 어떤 부분은 가이드와 함께하는 자신만의 여행을 계획한다.

여알못 씨는 플랫폼과 특출한 개인의 도움으로 중간 매개체인 동네 여행사를 건너뛰고 여행을 완성했다. 일반 개인은 이렇게 플랫폼을 활용하고, 특별한 개인을 찾아내고, 학습하고, 검색하는 능력을 향상시킨다. 인강 세대(인터넷 강의를 들으며 학습한 세대)인 밀레니얼들은 취향과 생활의 기술에도 디지털 월드를 이용해 학습하는 능력이 뛰어나다. 방대한 플랫폼에서 어떻게 검색하고 어떻게 학습해 나에게 어떻게 적용해야 할지 엄두가 나지 않아 차라리 옆집 아주머니에게 묻는 것이 편하다고 생각하는 이전 세대와는 확실히 다른 삶의 양식이다.

'특출한 개인'이라고 표현한 앞서가는 취향 보유자도 진화한다. 인테리어에 특출한 개인이 있다고 가정하자. 그녀/그는 자신의 일상을 올리면서 인스타그램을 시작한다. 팔로워가 어느 정도 쌓이면 자신의 특정 카테고리에 집중한다. 인테리어, 그중에서도 패브릭, 그중에서도 러그, 그중에서도 거실용. 뾰족하면 뾰족할수록 인지가 잘된다. 팔로워가 많아지고 인스타 셀럽의 반열에 오른다. 팔로워들이 제품정보를 묻기 시작하고, 상세히 설명해주다가, 제품을 팔기도 한다. '여러분의 성원에 힘입어 백화점 팝업 스토어에 진출합니다'라는 글까지 남길 수 있으면 성공이다.

인스타 셀럽은 팔로워들에게 친구이자 부러움의 대상이자 인테리어 스승이자 판매자다. 단순한 판매자-소비자의 관계가 아니다. 물론 '팔이'가 되었다며 팔로잉을 끊고 떠나는 사람도 있지만 판매 자체는 나쁜 일이 아니다. 좋은 제품을 소개하고, 추천하고, 판매까지 한다면 고마운 일이다. 이렇게 인스타 셀럽은 공동체의 구심점이 되는 동시에 판매자로 진화한다.

기술 보유자는 어떻게 진화할까? 과거 기술 보유자는 동네 가게 주인이거나 회사의 직원이었다. 어느 경우라도 소비자에게 직접적으로 노출되지 않고 가게 주인의 인맥이나 회사의 이름 뒤에 숨어 있었다. 하지만 과거의 동네 가게나 회사보다 훨씬 더 거대한 오늘날의 플랫폼은 기술자 개인을 숨기는 대신 소비자에게 그들의 이름과 전화번호, 전문분야까지 공개한다. 온라인 식품배송 플랫폼에 들어가면 '햇사레 복숭아'를 파는 생산자 윤○○ 씨의 이름과 전화번호가 적혀 있다. '숨고(숨은 고수)', '탈잉(잉여 탈출)' 등의 기술 공유 플랫폼에서는 특정 기술을 가진 기술자의 프로필과 포트폴리오, 견적서를 직접 받아볼 수 있다. 기술 분야에는 '배관'처럼 예전부터 기술자라 불리던 분야도 있지만 '자소서(자기소개서) 첨삭'처럼 아는 선배가 해줄 법한 것도 있다. 플랫폼을 통해 개인이 된 기술자는 소비자에게 직접 견적서를 보내고, 한 번 두 번 일이 진행될 때마다 기술자로서 자신에 대한 리뷰를 쌓아간다. 좋은 리뷰가 많이 쌓이면 자동적으로 찾는 사람도 늘어난다.

이때 중요한 것은 2장에서 언급했듯이 커뮤니케이션 능력이다. 문득 연락 온 고객에게 신뢰를 주는 대화를 이어가는 기술, 질문에 친절하게 답해주는 기술, 좋은 리뷰를 남긴 고객에게 감사 인사를 다시 남기는 등의 커뮤니케이션 기술은 기술자를 '업자'가 아닌 '특출한 개인'으로 변신시키기 위한 필수요건이다.

2019년 3월 시범 운행을 시작한 웨이고 블루택시는 개인 기술자와 플랫폼이 만났을 때 개인 기술자가 어떻게 변화할 수 있는지 잘 보여준다. 한남동에서 여의도까지 가는 웨이고 블루택시 안에서 송○○ 기사님은 매뉴얼대로 행동한다. 손님의 질문에만 답한다, 먼저 말을 걸지 않는다, 라디오를 틀지 않고 클래식 음악을 튼다, 내비게이션 안내대로 운행한다, 차분한 목소리로 존댓말을 쓴다. 유난히 질문이 많은 고객이 알아낸 정보는 다음과 같다. 택시회사에 사납금을 지불하기 위해 아등바등하던 때에 비해 쉬는 시간은 더 줄었다. 근무시간 중에는 운행을 멈출 수 없고, 손님의 목적지를 알지 못한 상태에서 콜을 받고, 그 이후 승차거부도 할 수 없기에 5~10분 이상의 짬이 없다. 시스템에 의한 콜 배차는 매우 빠르게 이루어지기 때문이다. 하지만 훨씬 만족스럽다. 정해진 시간 동안 쉼 없이 일하고 정해진 월급을 받는다. 사납금만 채우면 나머지 시간은 자유로울 때보다 스트레스가 훨씬 덜하다. 수입도 나쁘지 않다.

만만치 않은 서비스 교육을 받고 매뉴얼대로 행동하는 송○○ 기사님은 회사가 아니라 소비자를 바라본다. 송○○의 시간은 시스템에 의해 배치되고 평가는 소비자에 의해 이루어진다. 회사가 끼어들 여지가 사라진다. 송○○ 기사는 어느 회사 직원이 아니라, 플랫폼에 속한 개인 기술자가 된다.

플랫폼과 개인의 진화 과정에서 두드러지는 소비의 특징은 다음과 같다.

- 플랫폼을 통해 판매자와 소비자는 개인과 개인으로 만난다.
- 플랫폼 안에서 판매자와 소비자는 직접 커뮤니케이션한다. 그만큼 커뮤니케이션 기술이 중요해진다.
- 플랫폼은 종합적이지만 판매자 개인은 뾰족한 특정 분야만 담당한다.
- 결과적으로 소비자와 판매자가 맺는 관계가 달라진다.

중간 매개체 역할을 하던 기업은 이 공동체적 생태계에서 역할을 찾기가 난감하다. 개인 판매자가 되기에는 너무 크고, 개인화된 커뮤니케이션 능력도 부족하다. 뾰족한 특정 분야에 집중하기에는 기업 내 많은 부서의 이해관계가 충돌한다. 기업이 하던 일을 모두 분해하여 기업 구성원이 개인으로 변화하기는 어렵다.

하지만 변명만 하고 있을 수는 없다. 기업구조를 전부 바꾸기는 어렵다 하더라도 기업은 개인의 본성을 탑재해야 한다. 즉 우리 회사가 소비자와 맺는 관계부터 달라져야 한다.

서브스크립션 시대 : 관계의 구심점이 되는 브랜드

'스타동물'이 새로운 공동체의 구심점이 되듯 소비사회에서 브랜드는 새로운 공동체의 구심점이 될 수 있다.

공동체의 구심점이 되는 브랜드의 가장 대표적인 예는 '마켓컬리'다. 이 글을 쓰는 내가 마켓컬리와 무관함을 미리 밝혀야겠다. 마켓컬리는 몇 년 전부터 트렌드 책의 단골 소재이고, 생활변화관측소 분석에서 뜨는 키워드로 지속적으로 포착되는 브랜드이고, 대한민국의 식문화를 바꾼 일등공신이다. 여기서는 마켓컬리의 공동체 구심점 역할만 논하기로 하겠다.

전지현 씨를 광고 모델로 쓰면서 이제는 널리 퍼진 일반적인 브랜드가 되었지만 마켓컬리의 독자적인 캐릭터는 여전히 살아 있다. 마켓컬리의 대표 키워드는 '#온더테이블'이다. 인스타그램에서 마켓컬리와 #온더테이블(당시는 영어로 #onthetable이라고 썼다)이 처음 연관되어 나온 것은 2015년 6월이다. 이때만 해도 마케팅의 일환으로 여겨졌기에 일반 소비자의 자발적인 바이럴은 미미했다. 당시 마켓컬리는 '온더테이블'을 비롯한 다양한 단어들과 마켓컬리를 붙이려고 시도했는데 그중에서 일반 소비자가 반응을 보인 것이 '온더테이블'이었고, 그중에서도 소비자는 영어 'onthetable'보다 쓰기 쉬운 한글 '온더테이블'을 선호했다. (아마도) 이를 포착한 마켓컬리는 1년 뒤인 2016년 6월 해시태그 이벤트로 마켓컬리와 함께 '#온더테이블'을 쓰도록 유도했다.

〈일반적인 브랜드 vs 관계의 구심이 되는 브랜드〉

	일반적인 브랜드	관계의 구심이 되는 브랜드
브랜드 인지도	이 브랜드를 모르는 사람이 없다. 이 브랜드를 안 쓰는 사람은 있어도 못 쓰는 사람은 없다.	나만 아는 브랜드다. 특정한 자격조건을 갖춘 사람만이 사용할 수 있다. (브랜드 제품 자체가 한정판이거나 브랜드 가치를 알아보는 사람의 수가 적다.)
브랜드 페르소나	브랜드 광고 모델이 존재한다. 그 광고 모델은 이 브랜드 외에 다른 브랜드도 광고하고, 때로는 광고 모델이 교체되기도 한다.	브랜드 광고 모델이 아니라 브랜드를 만든 사람 혹은 브랜드를 사랑하는 사람의 개성적인 이미지가 존재한다.
브랜드 캐릭터	브랜드가 주장하는 USP(unique selling point)가 존재한다. 경쟁 브랜드 대비 좋거나 나쁜 기능이 존재한다.	브랜드를 사용하는 장면(scene)이 그려진다. 브랜드를 대표하는 킬링 아이템이 존재한다. 브랜드를 대표하는 해시태그(키워드)가 존재한다.
브랜드와 소비자의 관계	소비자는 브랜드의 고객이다. 고객은 체리피커가 되기도 하고 호갱이 되기도 한다.	소비자는 브랜드의 팬이다. 팬은 브랜드의 역사를 같이 지켜보고 있다. 브랜드를 같이 키웠다는 자부심을 느낀다.

이후 '온더테이블'은 마켓컬리와 밀접하게 연관되었을 뿐 아니라, 넓은 테이블에 예쁜 색감의 그릇과 식자재가 놓여 있는 사진에 붙는 일반명사가 되었다. '#온더테이블'은 '내가 얼마나 예쁘게 사는지, 음식, 식기, 테이블보, 캔들까지 내가 얼마나 까다로운 안목과 취향을 갖고 있는지 보여주는' 증거수단이 된 셈이다. 이렇게 마켓컬리가 씨앗을 뿌리고 일반 소비자가 키운 '#온더테이블'이라는

키워드는 자체적으로 성장했고, 2017년 이후 계속 '온더테이블' 연관 1등 브랜드는 마켓컬리가 차지하고 있다.[2]

마켓컬리는 이렇게 자신의 고유 캐릭터를 만들어냈다. 만들었을 뿐 아니라 소비자에게 각인시켰고, 소비자의 라이프스타일에 침투한 것 이상으로 소비자의 라이프스타일 변화를 이끌었다. 우리는 마켓컬리를 사용하는 페르소나를 상상할 수 있다. 페르소나는 마켓컬리 이용자의 평균이 아니라 마켓컬리 사용자의 욕망을 표현하는 전형적인 인물상(像)이라 할 수 있다. 마켓컬리 페르소나는 자신을 소중히 여기고, 소중한 자신을 위해 아름다운 먹거리를 구입하며, 무엇보다 까다롭고 예민한 취향을 지닌 사람이다. '온더테이블'의 연관 대상이 그러하듯, 처음에는 신혼의 이미지였다가 주부로 확대되었고 2019년에는 '요리하는 남자'도 이 페르소나에 포함되었다. 마켓컬리를 사용하는 사람들 간의 모임은 따로 존재하지 않는다. 하지만 마켓컬리족(族)이라 명명할 수 있는 상상의 공동체는 존재한다.

와이낫 미디어의 이민석 대표는 콘텐츠가 브랜드고 마케팅이라고 했다. 목표는 히트 콘텐츠를 만드는 것인데, 히트 콘텐츠는 진성 팬들과 함께 만들어가는 것이다. 히트 콘텐츠가 있으면 진성 팬들이 자동으로 모인다는 뜻이 아니다. 다시 강조하지만 콘텐츠를 팬들과 함께 만들어간다는 뜻이다. 다양한 콘텐츠를 내보내고 팬들이

---

2) 다음소프트, 마켓컬리 해시태그 자체 분석 결과.

반응하는 요소에 콘텐츠도 반응한다. 다시 말하면 콘텐츠의 다양한 요소들 중 팬들이 반응하는 것을 살려서 스핀오프하여 발전시킨 다음 다시 팬들의 반응을 보고, 팬들의 반응에 맞춰 다시 변화를 준다. 팬들은 콘텐츠를 보면서 재미도 느끼고 위로도 받지만 무엇보다 함께 만들었다고 느낀다. 콘텐츠도 변하고 팬들의 삶도 변했다고 느낀다.[3]

이민석 대표에게 40대 아저씨를 위한 콘텐츠를 만들 의향이 있는지 물었더니 지금은 없다고 했다. 아저씨들은 반응을 보이지 않기 때문이다. 콘텐츠는 소비자의 반응에 반응하는 것인데 아무 반응도 보이지 않는 이들과는 공감대를 만들어갈 수가 없기 때문이다. 소비자와 공감대를 형성하는 것, 그것은 브랜드의 몫이지만 소비자의 몫이기도 하다.

넷플릭스도 구심점이 되는 브랜드라 할 수 있다. IPTV 가입자는 자신이 가입한 서비스를 고유명사로 부르지 않는다. 내가 A사 IPTV 서비스 가입자로 지금 〈아는 형님〉이라는 콘텐츠를 보고 있다면, '아는 형님 보는 중' 혹은 '예능 보는 중' 혹은 그냥 'TV 보는 중'이라고 말한다. 넷플릭스 가입자는 '퇴근 후 넷플릭스에 맥주, 이것이 천국'이라고 말한다. '영화 본다', '드라마 본다'고 뭉뚱그리지 않고 '넷플릭스'라고 고유명사로 부른다. 본인이 넷플릭스라는 서비스 가입자임을 분명히 인지하고 있다. 언제 넷플릭스에 가입한

---

3) 2019년 4월 26일, 제14회 오피니언 마이닝 워크숍 '감정의 연대, 웹드라마' 강연 중. 유튜브에서 'opinion mining workshop'을 검색하면 강연 스케치 영상을 볼 수 있다.

사람이라는 정체성도 분명히 한다. '넷플릭스 초기 가입자입니다', '아마 마지막 넷플릭스 가입자일 거예요.'

'넷플릭스'라는 브랜드도 페르소나를 갖고 있다. 넷플릭스 가입자 손들어보라고 했을 때 어떤 사람이 손을 들지 상상이 간다. 콘텐츠에 돈 지불하는 것을 꺼리지 않는 사람, 자신이 좋아하는 콘텐츠 분야에 대해 마음만 먹으면 2시간도 말할 수 있는 사람, 붙박이 TV보다 여러 개의 모빌리티 기기, 소주보다 맥주, 같이보다 혼자가 어울리는 사람, 무엇보다도 좋아하는 콘텐츠 장르가 뚜렷한 사람이 떠오른다. '콘텐츠 잡식성입니다'라고 말할 때조차 다양한 분야를 섭렵하는 사람으로 보이지, 취향이 없어서 아무거나 본다고 인식되지는 않는 그런 사람이다.

이렇게 구심점이 되는 브랜드는 앞서 말한 새로운 공동체 규칙을 잘 지킨다.

하나, 나를 침범하지 말 것.

브랜드는 개개인을 존중한다. 브랜드가 가족이 아니라 당신만을 위한 제품/서비스임을 강조해서 말한다.

넷플릭스는 여러 가입자가 하나의 아이디를 공유한다는 것을 알고 있다. 그래서 한 아이디당 4명의 서로 다른 정체성을 인정한다. 즉 가족이라도 아빠는 자녀의 콘텐츠를 공유하지 않을 것이라는 전제를 갖고 시작한다. 브랜드는 말한다. '나는 너희가 아이디를 셰어할 만큼 가까운 사이라는 것을 알고 있어. 그럼에도 너희의 콘텐츠 취향은 서로 다르지? 각자에 맞게 전혀 다른 추천목록을 준비했어.' ○○문고 온라인서점에서 아이 책도 사고, 내 책도 사고, 선물도 산 사람에게 말도 안 되는 리스트를 추천해주는 것과는 차원이 다르다.

둘, 나의 즐거움을 해치지 말 것.

브랜드는 생존보다 즐거움을 위해 필요한 제품/서비스라고 말한다. 그래서 문화 콘텐츠, 유머러스한 키워드와 잘 어울린다.

마켓컬리에서 1만 원 가까이 하는 이름 긴 식빵은 끼니가 아니라 문화다. 생존을 위해서라면 굳이 마켓컬리일 필요가 없다. 새벽에 갖다주지만 지겨운 밥벌이 때문에 일어나는 사람을 위한 것이 아니라 느긋한 휴일 아침을 위한 것이다. 마켓컬리의 음식은 보고만 있어도 즐거운 콘텐츠다. 잡지처럼 음식 사진을 소비한다. 가끔 실물이 우리 집앞에 놓여 있기도 한다.

셋, 새로운 경험을 가능하게 할 것.

브랜드가 강조하는 것은 소유보다 경험이다. 콘텐츠 가입 서비스는 기본적으로 콘텐츠 소유가 아니라 경험적 소비다. 콘텐츠는 넷플릭스처럼 영상 서비스일 수도 있고 취미 박스, 꽃배달 서비스, 도서배달 서비스처럼 경험할 수 있는 유형의 제품 서비스일 수도 있다. 소비자는 본인이 이 서비스에 가입해 있다는 정체성을 얻는다. 마켓컬리는 정기구독 서비스는 아니지만 가입이라는 절차를 거쳐

회원이 된다. 그런 면에서 구심점이 되는 브랜드는 가입 서비스다. 소비자가 스스로 가입했음을 인지하는 서브스크립션 서비스다.

서브스크립션 서비스는 비즈니스 측면에서 보면 큰돈 대신 작은 돈을 쪼개 받는 방식이다. 서브스크립션 서비스가 중요해진 데에는 경제적 어려움도 물론 이유가 된다. 눈높이는 높은데 가용자원은 적을 때 사람들은 할부, 렌탈을 이용한다. 하지만 핵심은 가용자원 적음에 있는 것이 아니라 눈높이가 높다는 데 있다.

"집앞 슈퍼에 없는 과일도 많고, 복불복 맛에 만족할 수 없어서 과일 은 정기배송해요. 한 개 가격은 비싸지만 그렇게 많이 살 게 아니기 때문에…"
"그 브랜드 착용감을 아는데 가끔 비싼 브랜드 입고 싶고, 사기는 돈 이 없고 그래서 옷 렌탈 서비스 이용해요. 처음에는 렌탈비가 싸지 않 아서 그 돈이면 차라리 사겠다라고 생각했지만 정말 1~2번만 입는다 면 사는 것보다는 싸요."

정기구독, 렌탈, 할부 등 다양한 이름으로 불리는 서브스크립션 서비스의 핵심은 무엇일까? 핵심은 큐레이션이 아니다. 핵심은 관 계 맺음이다. 핵심은 '그 브랜드를 사용하는 사람들의 상상의 공동 체에 들어가고 싶은가'이다. 핵심은 '그 브랜드가 나를 알아봐주는 가'이다. 핵심은 '나에게 반응하는가'이다. 다시 강조하지만 핵심 은 '그 브랜드가 나와 교감하는가'이다.

반드시 우리 회사가 정기구독 서비스나 렌탈 서비스를 만들지 않아도 된다. 때로는 근본적으로 우리 업의 특성 때문에 그런 서비스를 만들 수 없을 수도 있다. 하지만 서브스크립션 정신만은 가져와야 한다. 소비자와 관계 맺어야 한다는 것이다.

메가박스 오리지널 티켓은 브랜드가 어떻게 소비자와 관계 맺을 수 있는지 보여주는 좋은 사례다. 극장은 근본적으로 차별화가 어렵다. 모든 극장에서 같은 시기에 같은 영화를 상영하고 비슷한 팝콘을 판다. 상향평준화되어 크기도, 음향도, 의자도 거의 비슷하다. 차이는 우리 집에서 가까운지, 주차가 되는지 정도다. 그런 극장이 소비자에게 이름이 불리고, 일 잘한다는 칭찬을 듣고, (좋은 의미의) 미쳤다는 소리를 듣고, 다음은 뭔지 내기하자는 게임 제안을 받았다. 2019년 7월, 메가박스에서만 〈스파이더맨 : 파 프롬 홈〉 영화의 오리지널 티켓을 공개했다. 메가박스 멤버십에 가입하고 영화를 예매하면 선착순으로 특별한 종이 티켓을 준다는 내용이었다. 티켓은 한정판이다. 티켓만 다를 뿐 영화 내용은 똑같다. 종이 티켓의 원가는 조금 두꺼운 종이값이었을 것이다. 하지만 소비자의 반응은 뜨거웠다.

"진짜 메박 최고다 진심 최고예요 ㅜㅜㅜㅜ"
"우리 동네에도 있을까 제발 ○○도 와주세요"
"메박 미쳤네요. 이건 소장각!"
"진짜 ㅜㅜ 메가박스 너무 사랑해요 ㅜㅜ 콤보도 너무 이뻐요"

"메가박스… 너~~ 너 이 자식 일 개잘한다고"

"메박… 왜캐 열일해요..? 타영화관 vip 버리고 넘어왔잖아요.(/울음)
앞으로 뼈를 묻겠어요(/사랑)"

소비자가 메가박스의 '이름'을 부르고, 울음 표시, 웃음 표시를
날리면서 "~해요", "~해주세요"라고 말을 걸고 있다. 메가박스는
소비자와 관계를 맺었다. 이후 메가박스는 〈라이온킹〉, 〈나랏말싸
미〉 등의 영화에도 오리지널 티켓을 공개했는데 소비자의 반응은
유사하다. 몇몇 영화에만 오리지널 티켓이 만들어지므로 영화팬들
은 어떤 영화가 메가박스의 선택을 받을지 맞히기 게임을 하고, 대

▲〈스파이더맨 : 파 프롬 홈〉 메가박스 오리지널 티켓 (자료제공 | 메가박스)

부분은 맞히고 있다. 오리지널 티켓은 계속될 것이다. 이미 중고거래도 일어나고 있다. 티켓북이 만들어지고 오리지널 티켓이 있는 영화와 없는 영화라는 새로운 분류가 생기고 메가박스는 '굿즈맛집'으로 등극했다. 영화 티켓을 반값에 팔아도 얻을 수 없는 '관계'가 형성된 것이다. 경쟁사가 따라 할 수도 있겠지만 '오리지널 티켓'이라는 '오리지널리티'는 메가박스에 남을 것이다.

우리는 성과에 익숙하다. 성과는 매출로 측정된다. 체리피킹식 프로모션을 걸어서 일시적으로 모은 '좋아요' 숫자로 측정되기도 한다. 그러나 '소비자와 관계를 맺게 되었어요', '관계가 좋아졌어요', '관계가 돈독해졌어요'라는 식으로 성과를 입증하기는 어렵다. 입증하기도 어렵지만 이루어내기는 더 어렵다.

'누구를 바라볼 것인가'의 문제다. 사장님에게 내 성과를 증명할 것인가, 소비자에게 나와 관계를 맺자고 제안할 것인가? 누군가는 바뀌어야 한다. 사장님이 시각을 바꾸거나, 사장님만 바라보던 시각을 바꾸어야 한다. 쉬운 일이어서가 아니다. 해야 하는 일이기 때문에 그렇게 해야 한다.

핵심은 큐레이션이 아니다,
핵심은 관계 맺음이다.

가장 예민한 사람을 기준으로 삼아라

현대인은 예민하다. 가장 예민한 사람을 기준으로 삼아라. 개인의 예민함에 맞추려
노력하고, 잘못했을 때는 친구처럼 바로 사과해야 한다.

#민감하다 #유당불내증

고르거나 모아야 한다

플랫폼은 모으고 개인은 고른다. 그리고 많은 사람이 그 뒤를 따른다. 대부분의 기업
이 개인이 되기에는 너무 크고, 플랫폼을 만들기에는 역량이 부족하다. 하지만 플랫
폼과 개인 둘 중 하나의 역할을 선택해야 한다. 모으기 장인인지 고르기 장인인지.

#숨고 #러그맛집

서브스크립션의 핵심은 '관계'다

서브스크립션 서비스에서 핵심은 정기구독 고객을 확보하는 것이 아니다. 핵심은
소비자와 관계를 맺고, 서로 대화를 나누고, 서로 반응을 보이는 것이다. 소비자가
고유명사로 당신의 브랜드를 부르며 '나는 ○○○ 가입자야'라고 말할 수 있는 이
야깃거리를 만들어라. 소비자가 역사를 알고 같이 성장했다고 말하게 하라.

#메가박스 #오리지널티켓

내 브랜드의 오리지널 키워드를 만들어라

모두가 아는, 모두가 사는, 모두가 만족하는 브랜드는 없다. 송곳처럼 하나에 집중
하라. 집중할 하나를 찾기 위해 여러 개로 실험하고, 실험들을 쌓아서 브랜드 자산
을 만들어라.

#마켓컬리 #온더테이블

여동생만 모르면 됨 #실친들이_
내_트위터_계정을_알게된다면

Chapter 4.
혼자의 시대, 친구를 찾습니다
이예은

유치원 엄마들과 친해지고 싶은 엄마는
하원길에 그들에게 말을 붙이는 대신 맘카페에 글을 올린다.
이제 오프라인 친구가 온라인에서 만나는 게 아니라
온라인에서 맺은 관계가 오프라인으로 확장된다.
온라인의 관계공식은 인간관계에 대한
우리의 생각을 어떻게 바꾸고 있을까?

가족이 불편한 이유

우리는 지난 몇 년간 지속적으로 '혼자'에 대해 이야기해왔다. '혼자'라는 말의 언급량과 긍정률은 나란히 높아졌고, 혼밥에서 파생된 '혼○'의 종류는 무한대로 확장되었다. 1인가구는 폭발적으로 늘었으며, 혼자 할 수 있는 것들에 대한 관심과 소비도 자연히 증가했다. 그렇다면, 한국인들은 이제 혼자서도 즐겁고 행복하게 지낼 방법을 찾은 것일까?

《미움받을 용기》,《자존감 수업》,《신경 끄기의 기술》,《나는 나로 살기로 했다》로 이어지는 베스트셀러 목록은 인간관계에 지친 한국인들이 얼마나 열심히 내면의 안정과 행복을 찾고 있는지 보여준다. 그러나 실제 데이터를 살펴보면 행복의 가장 중요한 연관어는 꾸준히 '사람'이 1위, '마음'이 2위다. 한국인의 행복에는 여전히 사람과의 관계가 중요하다는 뜻이다.

다만 나를 행복하게 해주는 사람에는 변화가 보인다. 연애, 결혼, 출산을 포기했다고 하는 밀레니얼 세대의 현실을 반영하는 것일까? 한국인들은 '행복'을 언급하면서 '사랑', '아이', '가족'은 점점 덜 말하고 있다. 반면 '친구'의 언급량 순위는 2010년 10위에서 시작해 2014년 8위로 올라선 이후 꾸준히 순위가 유지되고 있다.

이제까지 한국사회의 인간관계는 하나의 틀 안에서 마땅히 해야 할 책임과 의무로 단단히 묶여 있는 가족관계가 가장 중요했다. '사랑'이라는 감정은 언뜻 달달한 연애를 떠올리게 하지만, 연애는 항상 결혼과 출산으로 이어져 '가족'이라는 엄청난 책임과 의무를 낳기 마련이었다. 특히 한국의 베이비부머 세대는 IMF 외환위기 이후 더 치열해진 경쟁 속에서 자신의 부모들이 했던 것 이상으로 밀레니얼 자녀의 교육에 마지막 희망을 걸었다. 이들에게 가족 구성원의 가장 중요한 목표는 정서적 교류와 지지라기보다 서로의 희생(대부분 엄마)을 바탕으로 교육자원을 획득하여 가족이 함께 신분상승을 하는 것이었다.[1] 하지만 모두가 교육에 투자하면서 세계적으로 유례없는 속도로 초고학력 사회가 된 한국에서 교육자원을 통한 신분상승은 더 어려워졌고, 이제까지의 가족 공식, 즉 자녀에게 투자하고 자녀가 성공해 부모를 부양한다는 공식은 깨져버렸다.

그래서 한국인들은 너나 할 것 없이 가족 파업을 선언하고 연애, 결혼, 출산을 미루고 있다. 특히 엄마로서의 여성은 자녀, 남편, 부모와의 관계에서 돌봄의 역할을 수행하기 위해 가장 많은 희생을 치른 존재다. 이것을 보고 자란 밀레니얼 세대는 엄마처럼 가족이

---

[1] 이러한 가족관계는 '도구적 가족주의(instrumental familism)'라는 이름이 붙여져 자주 연구될 만큼 한국 가족의 특징적인 모습으로 나타난다.

〈'행복' 연관 키워드 순위〉

2010년		2011년		2012년		2013년		2014년	
1	사람	1	사람	1	사람	1	사람	1	사람
2	마음	2	마음	2	마음	2	마음	2	마음
3	사랑	3	사랑	3	사랑	3	생각	3	생각
4	삶	4	삶	4	삶	4	삶	4	삶
5	생각	5	생각	5	생각	5	사랑	5	시간
6	세상	6	세상	6	시간	6	시간	6	사랑
7	시간	7	시간	7	세상	7	세상	7	세상
8	아이	8	아이	8	아이	8	아이	8	친구
9	가슴	9	친구	9	친구	9	친구	9	아이
10	친구	10	가슴	10	가족	10	가족	10	가족
11	가족	11	가족	11	꿈	11	책	11	느끼다
12	기쁨	12	기쁨	12	가슴	12	느끼다	12	책
13	꿈	13	꿈	13	책	13	이야기	13	기분
14	생활	14	책	14	이야기	14	꿈	14	이야기
15	힘	15	힘	15	느끼다	15	가슴	15	꿈

출처 | 생활변화관측소, 블로그, 2010.01.01~2019.08.31

〈'행복' 연관 키워드 순위〉

2015년		2016년		2017년		2018년		2019년 (~8월)	
1	사람	1	사람	1	사람	1	사람	1	사람
2	마음	2	마음	2	마음	2	마음	2	마음
3	생각	3	생각	3	생각	3	생각	3	생각
4	시간	4	시간	4	시간	4	삶	4	삶
5	삶	5	삶	5	삶	5	시간	5	시간
6	사랑	6	사랑	6	사랑	6	사랑	6	세상
7	세상	7	세상	7	세상	7	세상	7	사랑
8	**친구**	8	**친구**	8	**친구**	8	**친구**	8	**친구**
9	아이	9	아이	9	꿈	9	꿈	9	왜
10	가족	10	가족	10	가족	10	왜	10	여행
11	느끼다	11	기분	11	아이	11	기분	11	기분
12	기분	12	왜	12	기분	12	여행	12	아이
13	엄마	13	느끼다	13	왜	13	가족	13	가족
14	이야기	14	책	14	이유	14	아침	14	꿈
15	책	15	일상	15	아침	15	아이	15	일상

출처 | 생활변화관측소, 블로그, 2010.01.01~2019.08.31

행복해지기 위해
우리에게는 여전히 누군가 필요하다.
그래서 가족 대신 친구를 택한다.

라는 관계에 묶여 살기를 거부하기 시작했다. 오죽하면 구글에 '엄마처럼'이라는 검색어를 입력하면 자동완성으로 '엄마처럼 살기 싫다', '엄마처럼 안 살아', '엄마처럼 살지 마'가 뜬다.

　이처럼 한국인들에게 가족은 가장 중요한 존재인 동시에 가장 불편한 관계다. 서로에 대한 기대와 실망으로 복잡하게 얽혀 있기 때문이다. 그러나 가족으로부터 벗어나 혼자 있는 것이 행복을 의미하지는 않는다. 행복해지려면 여전히 누군가 필요하다. 그래서 가족 대신 친구를 택한다.

친구에서 실친으로

　사랑도 가족도 자녀도 나의 행복과 차츰 멀어지는 와중에 '친구'는 여전히 나를 행복하게 해주는 인간관계다. 부모-자녀 관계와 달리 스스로 선택해 맺어지는 관계이며, 동시에 부부나 연인보다 책임과 의무에 대한 부담이 훨씬 덜하다는 점에서 친구는 매력적인 대안임에 틀림없다.

　친구라 하면 으레 한 동네, 학교, 학원에서 '우연히' 만나 오랜 기간 동안 가깝게 지내면서 만들어지는 친밀한 관계를 상상하기 마련이다. 하지만 오늘날 한국인들의 행복을 좌우하는 '친구'는 기존의 '친구'와 그 모습이 사뭇 다르다. 최근 5년여의 데이터를 살펴보면 친구의 이미지가 이미 크게 확장되었다는 것을 알 수 있다. 2016

년을 기점으로 친구 연관어로 '학교'의 입지가 흔들렸고, 대신 인스타그램이 페이스북, 트위터, 카카오톡에 이어 학교까지 제치고 친구의 가장 중요한 매개로 등장했다.

　그렇기 때문에 이제는 학교친구나 동네친구에게 새로운 이름을 붙여주어야 한다. 바로 '실친'이다. 이미 소셜미디어에서 일상어처럼 쓰이고 있는 '실친'은 온라인이 아니라 오프라인에서 실제 만나는 친구를 의미한다. 예전이었다면 친구 중 인스타그램이나 트위터에서 만난 친구에게 '인친', '트친' 등의 특별한 이름을 붙여주었겠지만 이제는 '실제 친구'도 구분해서 불러야 할 만큼 친구라는 단어의 의미가 확장되었다.

　시대에 따라, 세대에 따라 자주 언급되는 플랫폼의 종류는 달라질지언정 이제 SNS는 남녀노소를 불문하고 친구들과 소통하는 가장 기본적인 도구가 되었다. 중고등학생은 물론 초등학생들도 온라인에서 서로 팔로우하고 댓글을 달며 소통하지 않고는 일상의 친구관계를 유지하기 어렵다. X세대와 밀레니얼 세대가 카카오톡과 인스타그램에서 활발히 소통하고 있다면, Z세대에게는 동영상 플랫폼인 유튜브나 틱톡도 중요한 커뮤니케이션 수단이다. 그렇기에 스마트폰 없는 초등학생은 있어도 카카오톡 아이디나 페이스북 메신저 아이디가 없는 초등학생은 찾아보기 힘들다. (사실 페이스북 메신저가 한국의 10대에게 인기를 끈 이유 중 하나도 휴대전화번호 없이 계정을 만들고 이용하기 편리하기 때문이다.) 온라인 소통은 젊은 세대만의 전유물도 아니다. 2018년 기준 60세 이상 노년층의 스마트폰 보급률

〈'친구' 연관 키워드 순위〉

	2014년		2015년		2016년		2017년		2018년		2019년(~8월)
1	학교	1	학교	1	학교	1	인스타그램	1	인스타그램	1	인스타그램
2	카카오톡	2	카카오톡	2	인스타그램	2	학교	2	학교	2	학교
3	블로그	3	인스타그램	3	카카오톡	3	카카오톡	3	카카오톡	3	카카오톡
4	동네	4	블로그	4	트위터	4	트위터	4	트위터	4	트위터
5	고등학교	5	동네	5	페이스북	5	동네	5	동네	5	동네
6	페이스북	6	페이스북	6	동네	6	고등학교	6	고등학교	6	학원
7	회사	7	회사	7	회사	7	페이스북	7	회사	7	고등학교
8	학원	8	학원	8	고등학교	8	학원	8	블로그	8	블로그
9	트위터	9	트위터	9	블로그	9	블로그	9	학원	9	회사
10	인스타그램	10	고등학교	10	학원	10	회사	10	페이스북	10	페이스북

출처 | 생활변화관측소, 2014.01.01~2019.08.31 (카카오톡 '플러스친구' 제외)

은 77%(한국갤럽)를 넘어섰고, 다음 카페에서 동호회를 만들어 활동하던 많은 중년/노년들도 페이스북, 카카오톡, 밴드, 유튜브 등의 플랫폼으로 활동범위를 넓혔다.

친구의 연관어로 학교보다 인스타그램이 더 자주 언급된다는 것은 인스타그램이 '실친'들의 소통창구를 넘어 새로운 친구관계를 만드는 데에도 활발하게 이용되고 있음을 의미한다. 사실 '온라인

〈'실천' 언급 추이〉

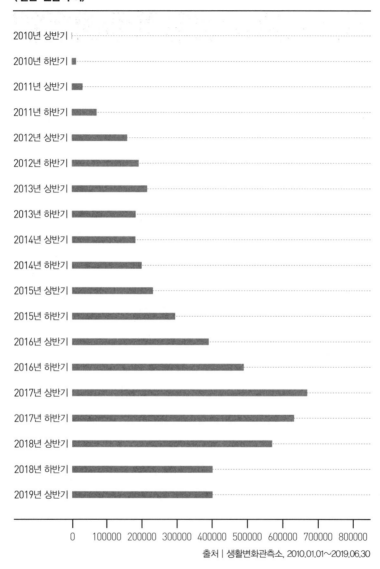

출처 | 생활변화관측소, 2010.01.01~2019.06.30

친구 찾기'는 처음 인터넷이 등장했을 때부터 있었던 현상이다. 사람들은 이메일과 온라인 채팅이라는 사이버공간에서의 인간관계에 흥미를 느꼈고, 이러한 흥미는 1997년 〈접속〉과 1998년의 〈유브 갓 메일〉 같은 영화를 통해 일찍부터 발현되었다. 2000년대에 들어 메신저, 커뮤니티, 카페, 블로그를 통해 온라인 관계 맺기가 본격적으로 이루어졌다면, 2010년 이후에는 트위터와 인스타그램 그리고 '밋업'이나 '소모임' 등의 사교모임 어플에서 적극적으로 친구 찾기에 나서고 있다.

'실친'이라는 단어가 등장해야 했던 또 하나의 이유는 인친, 트친, 페친이 실친과 같은 사람이 아니기 때문이다. 실친, 트친, 인친, 페친은 모두 친구이지만, 서로 다른 특징을 지니고 다른 기능을 하는 다른 존재다.

먼저 인친은 탁월한 취향과 안목으로 예쁘고, 맛있고, 귀여운 것들을 추천해주는 친구다. 나는 인친을 팔로우하며 그들의 추천맛집과 아이템을 소비한다. 페친은 다양하고 새로운 것들을 추천해주는 친구이며, 정치문제에서 불우이웃돕기까지 다양한 이슈를 타고 모여 서로 '좋아요'를 누르고 댓글을 올리며 응원하는 서포터이기도 하다. 덕후들의 성지 트위터에서 만난 트친은 나와 취미/취향이 똑같은 친구들이다. 특히 실친과는 섣불리 공유하기 어려운 덕심을 공유하는 관계다. 실친은 서로 욕을 하면서도 여전히 친한 끈끈한 친구들이다. 때로는 싫고 귀찮지만 서로 마음을 터놓고 공감할 수 있어 소중한 존재다.

〈채널별 '친구' 연관 키워드 순위〉

	실친		트친		페친		인친
1	친하다	1	좋다	1	좋다	1	좋다
2	좋다	2	예쁘다	2	행복하다	2	예쁘다
3	공감하다	3	귀엽다	3	감사하다	3	잘하다
4	고맙다	4	친하다	4	다양하다	4	소통하다
5	좋아하다	5	감사하다	5	멋지다	5	맛있다
6	귀엽다	6	좋아하다	6	사랑하다	6	행복하다
7	사랑하다	7	사다	7	즐겁다	7	어렵다
8	예쁘다	8	재미있다	8	고맙다	8	다양하다
9	달다	9	사랑하다	9	바라다	9	공감하다
10	욕하다	10	보고싶다	10	달다	10	귀엽다
11	착하다	11	추천하다	11	새롭다	11	사랑하다
12	싫다	12	짜다	12	맛있다	12	추천하다
13	죄송하다	13	힘들다	13	감사드리다	13	자연스럽다
14	재미있다	14	웃기다	14	친하다	14	감사하다
15	이상하다	15	마음에들다	15	어렵다	15	빠르다
16	미치다	16	욕하다	16	소통하다	16	아름답다
17	미안하다	17	다르다	17	추천하다	17	건강하다
18	감사하다	18	죄송하다	18	중요하다	18	착하다
19	힘들다	19	똑같다	19	다르다	19	주문하다
20	심심하다	20	울다	20	필요하다	20	고맙다
21	돕다	21	기다리다	21	주문하다	21	신중하다
22	짜다	22	새롭다	22	아름답다	22	미치다
23	다르다	23	고맙다	23	도움되다	23	우아하다
24	웃기다	24	행복하다	24	예쁘다	24	사다
25	싫어하다	25	싫다	25	놀라다	25	친하다
26	귀찮다	26	귀찮다	26	좋아하다	26	고상하다
27	새롭다	27	이상하다	27	사다	27	새롭다
28	적다	28	달다	28	반갑다	28	좋아하다
29	제외하다	29	반박하다	29	응원하다	29	구매하다
30	소중하다	30	즐겁다	30	귀하다	30	걱정하다

출처 | 생활변화관측소, 블로그, 2014.01.01~2019.08.31

한 사람과 오래되고 깊은 관계를 맺기보다 트친, 인친, 페친, 실친으로 쪼개져 각기 다른 기능을 하는 여러 명의 친구가 필요하게 된 이유는 무엇일까? 먼저 친구가 겹치면 한 가지 기능을 위해 다른 기능이나 목적을 포기해야 하는 비효율적이고 불편한 상황에 처할 수 있다. 예를 들어 같은 반 실친과 트친을 맺어 함께 덕질을 하는 사이라면, 단순히 취미생활을 공유하며 기쁨을 느낄 뿐 아니라 한 반에서 성적을 놓고 경쟁하기도 하고 다른 친구와의 싸움에 말려들어 나의 취미생활이 방해받을 수도 있다. 그래서 트위터리안들은 '#트친소'라는 해시태그를 통해 자신의 관심사만을 공유할 트친을 찾는다.

또 하나의 이유는 관심사가 너무 다양해졌기 때문이다. 트위터에는 '#실친들이_내_트위터_계정을_알게된다면'이라는 해시태그가 있다. 이 해시태그를 살펴보면 많은 트위터리안이 기존의 인간관계에서 벗어나 익명으로 활동하고 있으며, 활동내용을 주변인들에게 숨기고 싶어 한다는 것을 알 수 있다.

"입막음을 해야지… 죽은 자는 말이 없다라는 명언도 있고." #실친들이_내_트위터_계정을_알게된다면"
"본계 폭파 후 히든계를 활성화시키고 아이들을 찢는다 #실친들이_내_트위터_계정을_알게된다면"
"여동생만 모르면 됨 #실친들이_내_트위터_계정을_알게된다면"

이렇게까지 자신의 트위터 활동을 숨기려는 이유는 그만큼 각각의 관심사와 취미가 다양해졌고 개중에는 아직 비주류인 취미생활도 많기 때문이다. 예전에는 소위 비주류라 불리는 관심사를 접할 기회 자체가 드물었다. 하지만 이제는 사회적 편견에 따른 불이익을 피하면서도 자신의 관심사를 마음껏 펼칠 수 있는 장이 만들어졌다. 이들은 주변사람들에게 들킬 위험이 있는 본계(본계정)가 아닌 비계(비밀계정)나 세컨드계정으로 트위터 활동을 한다.

이렇게 디지털화된 세상에서 우리는 시간과 공간을 쪼개서 다른 자아로 살 수 있는 기회를 얻었다. 주민번호 하나당 한 개의 아이디가 주어지던 시절과 다르게 이제는 한 플랫폼에도 많게는 수십 개의 계정을 만들기도 한다. (그래서 유튜브 100만 팔로워라고 해서 100만 명의 개인이 팔로우하고 있다고 생각하면 착각일 수 있다. 실제 자신이 좋아하는 BJ의 인기를 증명하기 위해 여러 개의 디바이스에 각기 다른 계정으로 접속해 생방송을 동시에 시청하는 경우도 있다.) '싸이월드 흑역사'라는 지워지지 않는 디지털 기록 때문에 부끄러웠던 경험이 있는 밀레니얼 세대라면 이렇게 여러 개의 계정이 필요한 이유를 이해할 것이다.

그리고 이제는 트위터, 인스타그램, 페이스북 등의 SNS 플랫폼에서 각기 기대되는 다양한 'ㅇ친'의 모습을 효과적으로 수행해낼 수 있는 기술도 익혔다. 이렇게 다양한 플랫폼에서 다중적으로 존재하는 자아는 다양한 관계를 가능하게 하는 것뿐 아니라 수많은 사회적 의무에서도 자유롭게 해준다. 회사원으로서의 의무, 가족 구성원으로서의 의무, 학생으로서의 기대와 의무에서 벗어나 그저 무언가를 좋아하는 한 사람으로 존재할 수 있고, 수많은 편견에서 벗어나 솔직한 마음을 드러낼 수 있다.

학교친구보다 동네친구

그렇다면 이제 실친은 비효율적 관계이고 인친이나 트친, 페친들이 이들의 자리를 모두 대체한 것일까? 아니다. 나만의 취향을 공유할 수 없어도, 아무리 귀찮고 힘들어도, 얼굴을 맞대고 정서적 교감을 할 수 있는 실친은 항상 소중하다.

기존의 실친은 반 친구, 회사 동기, 군대 동기 등 나와 성향이나 가치관이 맞지 않아도 오랜 시간을 함께 보내야 하는, 의무가 큰 관계가 대부분이었다. 그리고 이 관계를 유지하고 발전시키는 데 사람들은 많은 시간과 노력을 투자해왔다. 친구관계로 다져진 인맥은 우리 사회에서 성패를 좌우하는 중요한 자산이었기 때문이다.

하지만 시대가 바뀌어 사람들의 이동이 잦아졌고, 삶의 방식과 인생 여정도 다변화되었다. 진학, 취업, 결혼, 출산, 자녀의 취학 등을 계기로 이동을 거듭할수록 기존의 친구들과는 물리적으로 점점 멀어지기 십상이다. 한 집단에 머무르는 시간이 줄면서 의무적 관계에 시간과 노력을 들일 필요도 함께 줄었다. 동시에 '인맥'이 정당하지 못한 사회의 작동원리로 점점 비판과 비난의 대상이 되는 것도 친구관계의 중요성을 희석시키는 한 원인이다.

〈'동네친구' vs '학교친구' 연관 키워드〉

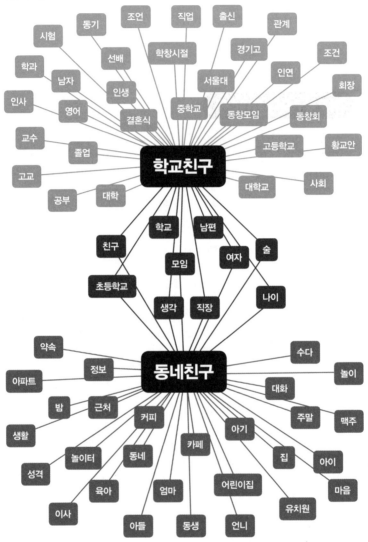

출처 | 생활변화관측소, 2010.01.01~2019.08.31

그에 따라 이제는 인맥으로 활용할 수 있을지 없을지 모르는 학교친구나 동창보다는 가까운 곳에 살면서 많은 시간과 자원을 들이지 않고도 편하게 만나 수다 떨 수 있는 동네친구가 소중한 실친이 되었다. 소셜미디어에서도 2015년 3분기 이후 '동네친구'의 언급량이 '학교친구'를 넘어섰고, 2018년 2분기부터는 동네친구에 대한 관심이 학교친구에 대한 관심의 2배가 되었다.

온라인 친구 찾기 활동도 이러한 니즈를 반영하여 온라인으로 만난 친구관계를 실친관계로 확장하도록 돕는 사교모임 앱으로 세분화하며 발전했다. 2002년 출시된 '밋업'이라는 앱은 주변에 취미와 관심사가 비슷한 이들을 찾아주는 사교모임 앱이다. 사실 밋업은 외국에서 사용해본 이들이 한국에 들어와 전파하면서 페이스북보다 더 쉽게 외국인 친구를 사귀고 영어를 배울 수 있는 플랫폼으로 입소문을 타기 시작했다. 특히 혈혈단신 캐나다나 호주, 유럽으로 워킹홀리데이를 떠난 젊은이들에게 밋업은 낯선 곳에서 새롭게 친구관계를 만들고 다양한 경험을 즐길 수 있는 기회를 제공했다. (다만 최근 들어 밋업이 인기 있는 이유는 조금 다른데, 가상화폐 열풍 속에 관련 정보를 공유하는 모임이 활발하게 만들어지기 때문이다.)

사교모임 앱은 대부분 거리를 설정할 수 있도록 되어 있다. 효율적인 인간관계를 추구하는 이들에게 지나치게 먼 거리는 만남에서 얻을 수 있는 정서적 만족감을 해치는 방해요인이기 때문이다. 이와 함께 사교모임 앱을 지탱하는 또 하나의 중요한 알고리즘은 바로 취향과 관심사다. 함께 덕질하는 트친들처럼 자신이 좋아하는

<'동네친구' vs '학교친구' 언급비중 추이>

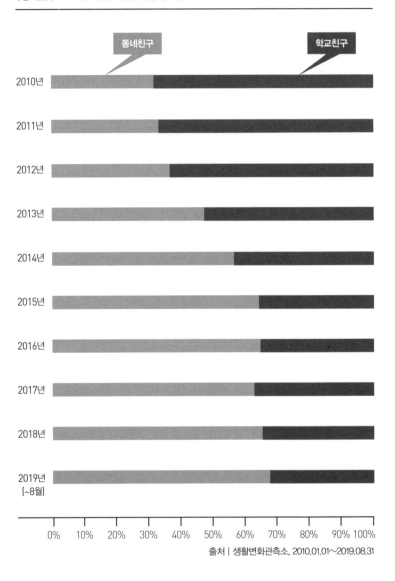

출처 | 생활변화관측소, 2010.01.01~2019.08.31

취미생활을 매개로 친구를 만들면 친해지기가 훨씬 쉽다.

온라인에서 친구를 찾는 목적이 오로지 친구관계에서 얻는 정서적 공감과 만족만은 아니다. 스타트업 정보공유에서부터 다이어트 운동모임까지 관심사를 넘어 특정 목표를 달성하기 위해 공조하는 모임과, 이러한 모임만 지원하는 플랫폼들도 존재한다. 이처럼 디지털 플랫폼이 매개하는 친구관계의 목적은 수없이 세분화되는 중이다. 심지어 아침에 도서관에 도착한 것을 서로 체크해주는 기능만 하는 모임도 있다. 이들은 아무런 대화도 없이 그저 영상통화 한 통으로 도서관 자리를 보여주며 출석인증을 할 뿐이다.

이렇게 쪼개지는 인간관계가 가능하도록 소모임 가입조건과 규칙도 점점 많아지고 있다. 모임의 목적을 분명히 하여 그 목적에 부합하지 않는 사람들을 사전에 차단하는 것이다.

불편함은 줄이고 효율은 높이는 소셜데이팅 앱

이들 사교모임 앱의 온라인 후기를 보면 재미있는 사실이 눈에 띈다. 사교모임 앱도 결국 이성교제하고 싶은 남녀가 가장 적극적인 사용자라는 것이다. (결국 동호회 카페도 그렇게 활용되어왔던 것일 수도 있겠다.)

"모임 공지에 흔히 보이는 '남자마감', '여성회원환영', '작업금지',

'성격강한사람 사절' 등등의 조항들이 왜 생겨나는가 물어봤더니 모임을 이끌어나가려면 어쩔 수 없이 필요한 조항들이라고 하더군요. (…) 한마디로 모임 나오는 남자회원의 99%가 여자를 만날 수 있으니까 나오는 거라더군요."

온라인에서 연인을 만나려는 시도는 실제로 매우 활발하다. 2013년 미국 국립과학원 회보에 발표된 연구결과에 의하면 미국의 성혼 커플 1만 9000명 중 35%가 온라인을 통해 배우자를 만났다고 답했으며, 2017년 스탠퍼드 대학의 연구결과에 따르면 미국의 커플들이 만나는 경로 중 온라인의 비중이 40%에 달해 다른 모든 채널을 앞질렀다.[2] 반대로 친구, 동료, 학교, 대학, 이웃, 교회 등에서 만난 커플의 비율은 모두 크게 하락했다. 오프라인 공간에서는 바(bar)나 식당에서 만난 커플의 비율만 상승했는데, 온라인에서 알게 된 이들의 첫 데이트 장소가 바와 레스토랑이라는 점을 감안하면 실제 온라인에서 만난 커플의 비중은 훨씬 높을 것이다.

한국에서도 데이팅 앱 시장은 해가 갈수록 규모가 커지고 있다. 이용 목적도 흔히 떠올리는 즉석만남보다는 장기적인 관계에 방점을 둔 이들이 늘고 있다.[3]

---

2) Rosenfeld, Michael J., Reuben J. Thomas, and Maja Falcon. 2018. How Couples Meet and Stay Together, Waves 1, 2, and 3: Public version 3.04, plus wave 4 supplement version 1.02 and wave 5 supplement version 1.0 and wave 6 supplement ver 1.0 [Computer files]. Stanford, CA: Stanford University Libraries.

3) 이윤정, "데이팅 앱이 '당장' 인연을 찾아주지 않으려는 이유", 이코노미조선 263호, 2018.8.20.

"막연히 남자친구 사귀고 싶음->주변에서도 소개시켜줄 만한 사람이 없다고 함->어플이라도 해볼까… 처음엔 가벼운 마음이었는데 생각 보다 어플에 진지한 만남을 원하는 사람들이 많았어! 그래서 나도 진 지한 마음으로 나와 성격이 잘 맞는 좋은 남자를 만나고 싶어졌어ㅎ"

그런데 다들 알다시피 한국은 점점 결혼하지 않는 사회로 바뀌어 가는 중 아닌가? 그에 따라 소개팅, 맞선, 결혼정보회사에 대한 관심도 꾸준히 낮아지는 와중에 유독 데이팅 앱에 대한 관심만 상승하고 있다. 어떤 이유에서일까?

우선 연인을 만나고자 하는 이유가 결혼하기 위해서가 아니기 때문이다. 결혼과 출산으로 이어지는 꽤 진지한 만남을 목적으로 (해야) 하는 결혼정보회사, 맞선과 달리 소셜데이팅 앱에서는 가벼운 만남에서부터 진지한 관계까지 모두 가능하다. 소개팅 성사의 전제 조건인 '친구'도 필요 없다. 소개팅에서 상대방이 마음에 들지 않는데 친구 때문에 거절하기가 곤란했던 경험이 누구나 있지 않은가? 그리고 또 하나, 애초에 소개팅을 주선해줄 친한 친구가 없는 이들의 사정도 감안해야 한다. 이런 난점들 때문에 사람들은 기존 인맥에 기대지 않고 스스로 기회를 찾아 나선다.

한국의 대표적 데이팅 앱인 '이음'의 김도연 대표는 "지금의 2030세대는 외모와 키, 출신학교 같은 획일적 기준이 아니라 음악적 취향, 취미 등 좀 더 세세한 기준에 근거해 이성의 매력을 찾는다"고 했다. 하지만 이것이 외적 조건을 중요시하지 않는다는 의미는 아니다. 오히려 결혼정보회사나 맞선보다 비용을 크게 줄이면서도 외모나 사회/경제적 조건뿐 아니라 취향과 취미까지 꼼꼼하게 상대방의 조건을 따질 수 있다는 점이 데이팅 앱의 큰 장점이라고 볼 수도 있다.

소셜데이팅 앱에서 소개팅보다 더 까다롭게 상대방의 외적 조건을 따질 수 있는 이유는 내가 직접 묻지 않아도 되기 때문이다. 즉 소셜데이팅 앱은 상대방의 외적 조건 대신 취미와 취향을 선택하는 채널이라기보다, 오히려 외적 조건에 더해 정서적 조건까지 더 꼼꼼하고 세세하게 따질 수 있는 서비스다. 거기다 소개팅 주선자에 대한 부채의식까지도 제거한 서비스라니, 불편한 관계를 피하고 싶은 젊은 세대에게 인기 없을 이유가 없다.

실제 어떤 블로거는 "다른 사람에게 소개팅 좀 시켜달라고 아쉬운 소리 안 해도 된다", "소개팅 후 뒤처리가 깔끔하다(좋은 사람이면 만나고, 아니면 그만두면 됨)", "어차피 친구한테 부탁해도 밥 사주면서 부탁할 테고, 잘되면 친구한테 술 한잔 쏘고… 아무리 생각해도 어플 사용하는 게 훨 싸게 먹힌다"며 소개팅 어플의 장점을 리뷰했다.

이에 대해 '로맨스의 죽음'이라는 비판도 있다. "단순히 '사람만 보고' 만나는 것이 아니라, 앱을 통해 그 사람의 외모와 관심사, 학력, 직장 등 외적인 조건을 모두 알아본 뒤에 만남 여부를 결정"하는 조건적 만남이 강화되었기 때문이다.[4] 그러나 지난 수십 년간 한

---

4) 이윤정, "데이팅 앱이 '당장' 인연을 찾아주지 않으려는 이유", 이코노미조선 263호, 2018.8.20.

〈소개팅 플랫폼별 연관어 순위 및 조건유형 비율〉

	소개팅 앱		소개팅		결혼정보회사		맞선
1	사랑	1	느낌	1	**출신**	1	**직업**
2	**스타일**	2	마음	2	사랑	2	마음
3	느낌	3	대화	3	스타일	3	성격
4	**얼굴**	4	사진	4	느낌	4	사랑
5	**사진**	5	얼굴	5	마음	5	대화
6	대화	6	스타일	6	사진	6	얼굴
7	마음	7	사랑	7	얼굴	7	**집안**
8	프로필	8	외모	8	**프로필**	8	외모
9	돈	9	**취향**	9	성격	9	**돈**
10	**몸매**	10	성격	10	외모	10	프로필

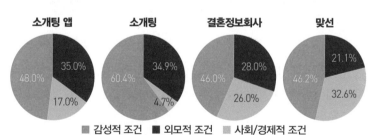

소개팅 앱　　소개팅　　결혼정보회사　　맞선

소개팅 앱: 48.0%　35.0%　17.0%
소개팅: 60.4%　34.9%　4.7%
결혼정보회사: 46.0%　28.0%　26.0%
맞선: 46.2%　21.1%　32.6%

■ 감성적 조건　　■ 외모적 조건　　■ 사회/경제적 조건

출처 | 생활변화관측소, 2016.01.01~2019.08.31

국사회에서 결혼을 꼭 해야 한다는 문화적 규범과 압박은 많이 줄었고 20대 중반에 마무리되던 반려자 찾기도 30대 중반 혹은 그 이후까지 연장되었다. 선택의 폭이 넓어진 만큼 기대도 높아졌다. 글로벌화된 세상에서 '어딘가 있을 그 사람'에 대한 기대가 전 지구를 대상으로 확장되었음을 생각해본다면 오히려 '로맨스의 죽음'이라기보다 첫눈에 반할 만한 나의 운명적 사랑을 데이팅 앱이 찾아주고 있는 것인지도 모른다.

까다로워지는 눈높이에 맞추어 데이팅 앱 시장도 다변화하고 있다. 그 양상은 크게 두 가지로 분류할 수 있다. 하나는 '틴더'와 같이 유저에게 무한한 자율성을 부여하는 것이다. 틴더가 처음 시작했을 때 그 누구도 틴더에서 결혼 상대를 찾으려고 의도하지 않았으며 기대하지도 않았다. 그러나 어느 새인가 사람들은 자신의 프로필에 본인에 대한 정보만 넣는 것이 아니라 여행하는 동안 함께 어울릴 친구부터 즉석만남까지 자신이 상대방에게서 원하는 바를 적어 넣기 시작했다.

반면 한국에서 매출 상위권에 랭크된 데이팅 앱들은 대부분 선별에 방점을 둔다. 특정 조건을 갖추지 못하면 아예 처음부터 가입을 제한하는 것이다. 외모, 학력, 직업으로 가입을 결정짓는 방식은 이미 결혼정보회사에서도 하던 일이었지만, 기독교인만을 대상으로 하는 데이팅 앱인 '크리스천데이트'에 가입하려면 기본 정보에 다니는 교회의 교단과 목사 이름을 넣어야 하고, 신앙을 갖게 된 계기를 자세히 설명해야 한다. 진짜 기독교인들도 어지간히 신실하지

소셜데이팅 앱은 외적 조건 대신
취미와 취향을 선택하는 채널이라기보다,
오히려 외적 조건에 더해
정서적 조건까지 더 꼼꼼하고 세세하게
따질 수 있는 서비스다.

않으면 중도 포기할 법한 수준이다. 또 문제가 생길 경우 가입자가 다니는 교회에 알리겠다는 경고도 잊지 않는다. 여전히 남아 있는 익명성에 대한 두려움을 상쇄하기 위한 신원확인 절차다.

전 세계적으로 가장 큰 규모를 자랑하는 '틴더'는 페이스북이나 인스타그램 계정을 연동함으로써 이 복잡한 절차를 간단하게 해결했다. 물론 페이스북이나 인스타그램에 세컨드계정을 만드는 것은 어렵지 않다고 반론을 제기할 수도 있지만, 소셜데이팅 유저들을 얕봐서는 안 된다. 이들은 이러한 사실을 간과하지 않으며 섣불리 경계심을 늦추지 않는다. 그러므로 연동된 계정의 활동에 진정성이 없는 이들은 쉽사리 선택받지 못한다.

밀레니얼 맘과 베이비부머의 온라인 친구 찾기

소모임 앱, 소셜데이팅 앱의 예시만 보면 온라인 친구를 오프라인에서 만나 친하게 지내는 것이 10~20대를 중심으로 일어나는 새로운 현상일 것 같지만, 의외로 온라인 친구를 가장 부지런히 오프라인으로 확장해가는 공간은 바로 밀레니얼 맘들의 놀이터, 맘카페다.

앞서 가족관계를 대신할 친구가 필요하다고 했지만, 사실 친구가 가장 필요한 그룹은 싱글도 학생도 아니라 아이 키우는 엄마라 할 수 있다. 함께 놀 형제자매가 없는 외동아이들이 늘면서 엄마들은 이제 집안일과 아이 돌봄에 더해 아이와 놀아줄 의무까지 짊어지게 되었다. 하지만 대화 수준이 다른 아이들과 놀아주는 일을 즐기기란 너무 어렵다. 그렇다고 하루 종일 유튜브만 보여주면 아이의 뇌 발달에 좋지 않다고 하니 죄책감이 너무 크다.

설상가상으로 아이들끼리 자연스럽게 친해질 계기는 더욱 줄어들었다. 요새 아이들은 친구들과 '놀이터 약속'을 해야 한다. 아이끼리만 노는 것이 아니라 보호자를 대동하고 정해진 시간 동안 정해진 장소에서 놀이를 하는 것이다. 미세먼지 이슈도 이유이지만, 골목길을 공유하며 오랫동안 알고 지낸 이웃을 찾아보기 힘든 환경에서 아이 혼자 바깥에 나가는 것은 위험하기 때문이다. 또 초등학교 입학을 전후로 학원 스케줄이 생기면서 아이들은 엄마의 세심한 관리를 받게 된다. 그렇기에 아이의 친구 또한 아이가 선택하고 주도하기보다 엄마의 관리 속에 만들어진다.

아이와 엄마가 모든 것을 함께해야 하는 상황에서 아이들의 친구관계는 곧 엄마의 친구관계를 의미한다. 맘들에게도 결혼과 출산 전에 사귄 친구들이 있지만, 삶의 선택지가 다양해지면서 현재 비슷한 삶의 과정을 지나고 있지 않은 옛 친구들과 어울리기는 점점 힘들어진다. 자연스레 아이뿐 아니라 엄마들도 새로운 관계를 필요로 하게 된다. 특히 결혼, 임신과 출산, 이직, 이주 등의 이유로 새로운 곳에 정착하게 된 엄마들은 지역 커뮤니티(맘카페)에서 적극적으로 친구를 찾는다.

"이제 곧 부산으로 이사 가네요 동해에서 살다가 20살 때 부산 내려가서 10년을 살다가 다시 동해 올라와서 산 지 4년 만에 다시 부산으로 컴백(?) 하네요 예전엔 대학생 직장인이라 이런건 몰랐는데 이젠 애 놓고 사는 엄마라 그런지 맘카페 부터 가입하고 있네요 용호동으로 이사가구요 28갤 3갤 형제맘이에요 같은동네 비슷한 개월수 맘 있음 친해지고 싶네요 ~~ 대학때 친구들이 아직 다 미혼이라 이젠 애들 데리고 만나기도 쉽지가 않네요 ㅎㅎ"

이는 엄마의 인간관계가 좋지 않으면 아이들도 친구 사귀기가 어렵다는 것을 의미한다. 어떤 엄마는 아이들끼리 어떻게 약속을 정하고 서로 초대하는지 궁금해하며 자녀의 대인관계에 대해 걱정하지만, 사실 아이들의 약속은 휴대폰을 가진 엄마들이 하는 약속이며, 아이가 방과 후에 다른 친구와 어울리지 못하는 것은 엄마가 다른 엄마들과 효과적으로 친구관계를 만들지 못하거나 그렇지 않았기 때문이다. 이런 상황에서 새로운 대인관계에 투자할 시간이 부족한 워킹맘의 아이들은 소외감을 느끼기도 하고, 엄마는 엄마 대로 아이를 위해 새로운 친분을 맺으려 노력해야 하는 부담을 안게 된다.

맘카페가 친구를 찾는 창구로 본격적으로 기능하기 전에는 '조리원 동기'가 사회적 지위 및 경제적 조건이 비슷한 친구를 사귀는 통로였다. 프리챌, 버디버디, 아이러브스쿨 등 즉각적 대화가 가능한 메신저 버전을 다양하게 사용해보았고, 페이스북을 매개로 국경을 넘어 온라인 관계를 확장해간 경험도 있는 밀레니얼 세대가 엄마가 되면서, 맘들의 친구 찾기도 온라인으로 확장되었다. 심지어 맘카페의 한 엄마는 같은 유치원 같은 반 아이의 엄마 친구를 만들기 위해 등하원 시간에 마주치는 엄마들에게 말을 거는 대신 온라인 카페에서 친구 찾는 글을 올리는 편을 택했다.

> "○○유치원 6세요~^^ 안녕하세요~^^ ○○유치원 6세 신입학했어요
> ~^^ 아이가 친구들과 친해져서 키즈카페 약속도 하고 오고 그러는데
> 엄마들도 차 한잔하며 친해져요~^^ ××반 어머님들 계시나요?"

맘카페는 조리원을 대체하는 훌륭한 온라인 채널이다. 이곳에서는 조리원 동기처럼 엄마의 나이, 아이의 개월 수가 비슷한 친구는 물론이고 동네와 성향, 나아가 취미까지도 맞출 수 있다. 여기에 더해 이제 밀레니얼 맘들은 친구 찾기 플랫폼으로 인스타그램도 활용한다. 최근 맘카페에서 친구 찾는 글들을 보면 대부분 인스타그램 아이디를 알려주며 DM을 보내달라고 요청한다. 실제 '이사'의 연관어로 '친구'의 언급량은 꾸준히 늘었고, 그중에서도 인스타그램에서의 언급량이 눈에 띄게 증가했다. 인스타그램에서 '맘카페'의 연관어로 '친구'의 언급량은 '남편'의 6배에 이른다.

밀레니얼 맘들이 인스타그램으로 소통하기를 원하는 이유는 인스타그램을 일상적으로 활발하게 사용하고 있기 때문이기도 하지만 상대방의 일상생활, 경제수준, 취향과 취미까지 한 번에 확인할

수 있기 때문이다. 소모적인 인간관계를 피하고 효율적인 관계를 추구하는 밀레니얼에게 득보다 실이 많은 인간관계를 사전에 차단하는 것은 매우 중요한 이슈다. 그런 점에서 맘카페의 댓글만 보는 것보다 인스타그램의 피드를 확인하는 것은 상당히 매력적인 방안이다.

맘들 다음으로 친구가 필요한 이들을 들라면 시니어를 꼽아야 한다. 시니어 커뮤니티에서 '걱정'의 연관어로 '혼자'는 다른 세대에 비해 훨씬 상위에 랭크된다. 수많은 지자체가 시니어 친구 만들기 프로그램을 운영한다는 것은 국가가 예산을 들여야 할 정도로 중요한 사안이라는 것과, 이들이 자발적으로 친구를 사귀기에는 정보와 기술이 부족하다는 것을 방증한다.

70~80대의 현실을 목도한 베이비부머들은 자신의 미래에 위기의식을 느끼고 미리 친구 찾기를 시도한다. 온라인 친구에 대한 기존의 편견을 극복하고 다음카페 동호회에 가입해 활발하게 활동하며 새로운 친구를 만드는 데 주력하고 있다.

"하늘을 나르는 저 새들도 친구 찾아 하늘을 나르는데 6학년 졸업반의 벗님들도 친구 찾아 미소지며 모여드네 운영진이 마련하고 소리쳐 부르니 친구들(서울, 경기) 모여 모여 서로 서로를 반기네 삼삼오오 즐거운 하하호호 웃음소리는 친구들과 함께하는 즐거움 일쎄! 친구 찾아 함께 함께하는 시간들은 기쁨과 위로를 더해 주는 우정이라

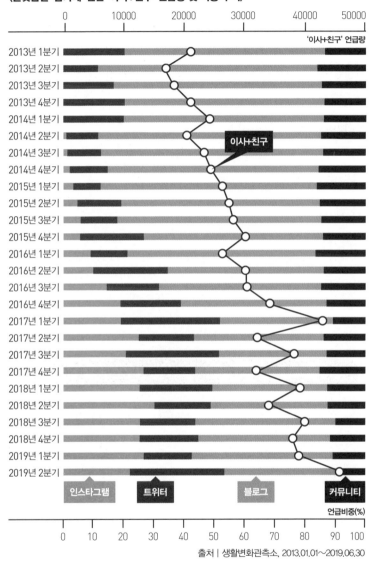

〈플랫폼별 '맘카페' 연관 '이사+친구' 언급량 및 비중 추이〉

'이사+친구' 언급량

2013년 1분기
2013년 2분기
2013년 3분기
2013년 4분기
2014년 1분기
2014년 2분기
2014년 3분기
2014년 4분기
2015년 1분기
2015년 2분기
2015년 3분기
2015년 4분기
2016년 1분기
2016년 2분기
2016년 3분기
2016년 4분기
2017년 1분기
2017년 2분기
2017년 3분기
2017년 4분기
2018년 1분기
2018년 2분기
2018년 3분기
2018년 4분기
2019년 1분기
2019년 2분기

이사+친구

인스타그램   트위터   블로그   커뮤니티

언급비중(%)

출처 | 생활변화관측소, 2013.01.01~2019.06.30

하리라^^ 봉사정신 임무수행 ○○○님과 □□님이 중심되어 만남의 장소 '월드컵경기장역' 출발 신안밥상의 칼치 정식 냠냠 식후경^^ 하늘공원이 마련해 준 코스모스^^ 억새^^들의 수다에 찰칵^^ 찰칵! 하하호호^^ 함께한 모든 벗님들이 진정한 '친구'가 아닐런지요!!! 벗님, 모두 감사합니다^^ 잘 관리하신 건강은 필수! 아름다운 60대! 영원하리라~!"

이렇듯 온라인 친구 찾기는 젊은 세대만의 활동이 아니다. 대한민국의 시니어 세대는 지구상 어느 나라 어떤 또래들보다 높은 디지털 수용성을 가지고 적극적으로 온라인 친구를 찾고 있다. 그러나 젊은 세대를 중심으로 전개되는 디지털 시장에 이들의 니즈를 해결할 플랫폼은 부족하기만 하다.

디지털 세대, 관계의 문법 : 묻지 않는다, 드러낼 뿐이다

우리는 종종 기성세대와 젊은 세대 사이의 인식차에서 발생하는 갈등을 목격한다. 특히 나이, 학력, 직업, 심지어 재산규모까지 파악하려는 기성세대의 불편한 질문에 맞닥뜨릴 때면 누군가를 상처주기 위해 일부러 저런 질문을 하나 싶기도 하다. 하지만 많은 기성세대는 이렇게 묻는 것 외에 어떻게 상대방에게 관심을 표시해야 하는지 모르겠다고 말한다. 한마디로 디지털 세대의 관계문법을 기성세대가 아직 이해하지 못하고 있는 것이다.

젊은 세대는 어디에서도 저런 질문을 하지 않는다. 왜냐하면 스스로 공개해놓았기 때문이다. 상대방의 사회/경제적 위치나 외적인 조건은 카카오톡이나 페이스북 프로필, 인스타그램 피드만 몇 개 확인해도 충분히 알 수 있다. 링크드인에 들어가면 세세한 학력이 소개되고, 이력을 살펴보면 연봉도 얼추 가늠할 수 있다.

젊은 세대가 개인 신상을 캐묻지 않는 또 다른 이유는 물어볼 필요가 없기 때문이다. 온라인에서 다중적 자아를 학습한 이들은 시간과 공간 그리고 상황의 변화에 따라 손쉽게 달라지는 상대방의 존재를 이해한다. 돈을 내고 택시에 탑승한 손님과 기사로서만 서로를 이해하는 게 너무 자연스럽다. 하지만 기성세대에게는 그저 기사와 손님이 아니라 경험 많은 인생 선배와 젊은 청년으로 여겨질 수도 있다. 그렇게 각자의 존재 의미가 동의 없이 확장된 순간, 순수한 조언과 염려가 서로를 불편하게 만들 수도 있다.

또 하나 변화한 디지털 세대의 문법은, 먼저 친구하자고 제안하지 않는 것이다. 디지털 세대는 친구가 될 의향을 대외적으로 표시한 사람에게만 말을 건다. 가만히 있는 사람에게 친하게 지내자고 말을 거는 게 아니라, 관계 맺고 싶다는 의사를 프로필 등으로 표현하고 그것을 본 사람들의 반응을 기다리는 것으로 공식이 바뀌었다. 이제는 질문하거나 제안하기보다 자신을 드러내야 한다. 선택하고 제안하는 것이 아니라 선택받고자 노력해야 한다는 것이다. 물론 모두에게 선택받고자 노력하지는 않는다. 자신이 원하는 것을 명확하게 제시하고, 그에 부합하는 이가 찾아와 서로가 만족하는 효율적인 관계를 맺게 되기를 기대한다.

이렇듯 관계의 문법은 인간관계에서 어색함과 불편함을 줄이고 만족도와 효율을 높이는 방향으로 진화하고 있다.

새로운 관계의 공식들은 기존의 관계와 경쟁하거나 대체하기도 하지만, 기존에 없던 영역을 가능하게 하기도 한다. 그러니 디지털 세대가 맺는 넓고 얕은 관계를 가족의 해체, 이기주의, 고립이라고 섣불리 재단하지 말자. 그보다는 시대가 바뀌어도 변하지 않는 인간관계의 필요에 주목해야 한다. 세대를 막론하고 사람들은 이미 새로운 환경에서 새로운 관계를 맺으며 새로운 규칙을 정하고, 새로운 신뢰를 확인하는 방법을 찾아가고 있다. 그러니 기존 관계의 책임과 의무를 덜어내고, 효율적이고 만족도 높은 인간관계를 도울 수 있는 새로운 비즈니스 모델을 구상해보면 어떨까?

2030 싱글만큼이나 시니어와 밀레니얼 맘도 친구가 필요하다

혼자의 시대를 살고 있지만 우리는 여전히 사회적 동물이다. 의무와 책임으로 만들어진 가족의 빈자리는 정서적 교류를 위한 효율적 관계인 친구로 채워지고 있으며, 그 필요는 세대를 불문하고 증가하고 있다. 그러나 2030 싱글을 위한 친구 찾기 서비스는 경쟁이 치열한 반면, 밀레니얼 맘이나 베이비부머 세대를 위한 서비스는 미미하다. 기성세대는 아직 준비되지 않았다는 편견은 버리자. 혼자되는 것에 대한 어색함과 두려움이 더 큰 기성세대는 온라인 관계에 대한 편견을 내려놓고 노년의 삶을 풍요롭게 만들어줄 새로운 친구관계를 위해 아낌없이 투자할 것이다.

이제는 제안하기보다 드러내야 한다

디지털 시대의 문법은 자신감 있게 스스로를 드러내고 상대방의 선택을 기다리는 것이다. 어떤 제품이나 서비스도 날로 까다로워지는 고객을 모두 만족시킬 수는 없다. 따라서 당신이 마케터라면 최대한 많은 고객을 만족시키고자 끊임없이 푸시를 보내기보다, 나의 제품과 서비스를 명확하게 이해하고 나만의 차별성을 효율적이고 꼼꼼하게 드러내는 데 집중할 필요가 있다.

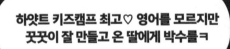

Take a 15-minute
vacation~

Chapter 5.
불안한 밀레니얼 맘, 매력적인 밀레니얼 대디
이원희

'미 제너레이션'이라 불리는 밀레니얼 세대가 부모가 되었다.
자아실현과 육아의 아득한 거리감만큼이나
이들의 육아고민은 깊어진다.
이들은 과거의 부모와 어떻게 같고 다른가?
이들의 가치관과 결핍, 죄책감은
소비시장에 어떤 아이템과 기회를 만들어낼까?

2019년 하반기 합계출산율이 0.91로 1981년 이후 최저치를 찍었다. 혼인율과 출산율이 모두 낮아져 예상보다 더 빨리 자연인구 감소가 시작될 것이란 사실은 이제 모두가 공감하는 대한민국의 현실이 되었다. 하지만 출산율이 낮아지는 현실과 별개로 아이 키우는 일, 즉 '육아'에 대한 관심은 점점 높아지고 있다.

아이는 적게 낳는데 육아는 점점 핫해지는 이유를 알려면 이 장의 주인공인 '부모가 된 밀레니얼 키즈'에 대한 이해가 필요하다. 밀레니얼 세대는 인구학적으로 대략 1982~95년생으로, 2019년 기준 한국 나이로 25~38세에 해당한다. 한국사회에 밀레니얼은 기존 세대와는 다른 라이프스타일과 가치관을 가진 독특한 세대인 것처럼 소개되고 있다.

그런 밀레니얼들이 하나둘 부모가 되기 시작했다. 이들이 보이는 부모로서의 독특함은 밀레니얼 세대 전반에 해당하는 특징일까? 지금 당장 판단할 일은 아닌 듯하다. 1990년대생 대부분이 엄마아빠라는 이름을 갖게 되었을 때 비로소 지금의 가치관과 무드가 더 강화되었는지 아닌지를 확인할 수 있을 것이다. 2018년 여성의 평

〈밀레니얼 부모를 이해하기 위한 인덱스〉

	밀레니얼의 공통 경험 (성장기)	밀레니얼의 가치관 (성인)	밀레니얼의 미충족 욕구 (부모)
1	입시경쟁	자아실현 경쟁하는 자아	경험 전쟁
2	소비제일주의	합리적 소비	가성비
3	해외경험	삶의 질	미타임

균 초산연령이 31세임을 감안할 때, 이 장에서는 초등학교에 입학하기 전까지 집중육아를 가장 많이 하고 있는 1980년대생 밀레니얼 부모에 대한 분석을 해보고자 한다.

육퇴 vs 육아죄책감

최근 육아에서 연관도가 높아지고 있는 키워드 하나는 '시간'이다. 육아의 핵심관계자인 '아이'나 '엄마' 관련 어휘를 제외하면 시간이 가장 많이 언급된다. 다른 라이프스타일에서는 보기 드문 현상이다. 왜 하필 시간일까?

주양육자가 누가 되었든, 육아는 아이가 아침에 눈뜬 순간 시작돼 밤에 아이가 자야 하루 임무가 끝난다. 워킹맘이나 워킹대디들

〈'육아' 연관어 순위〉

2017년		2018년		2019년(~8월)	
1	아이	1	아이	1	아이
2	엄마	2	엄마	2	엄마
3	아기	3	아기	3	아기
4	집	4	**시간**	4	**시간**
5	**시간**	5	집	5	집
6	출산	6	출산	6	출산
7	아빠	7	아빠	7	책
8	책	8	책	8	일상
9	남편	9	일상	9	아빠
10	일상	10	남편	10	육아맘

출처 | 생활변화관측소, 2017.01.01~2019.08.31

이 회사에서 퇴근해 집으로 출근한다고 할 정도로 이들이 체감하는 육아 강도는 세다. 나의 '시간'이 없다. 육아는 나의 시간이 내 것이 아닌 것이 되는 경험이다.

이와 관련해 등장한 신조어로 '육퇴'가 있다. 육아에서 퇴근한다는 뜻이다. 육퇴는 아이가 자야만 가능하다. 소셜미디어에서 육퇴 언급량은 점점 증가하고 있는데, 자신의 상황을 자조적으로 희화화하는 경우가 많다. 육퇴를 해야만 밀린 업무를 처리하거나, 구매하려고 기억해두었던 급한 물품을 주문할 수 있다. 때로는 너무 피곤해서 누운 채로 인스타그램만 설렁설렁 넘겨보기도 한다.

<'육퇴' 연관어>

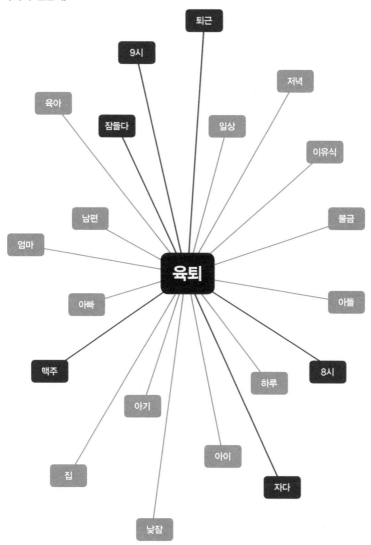

출처 | 생활변화관측소, 2016.01.01~ 2019.08.31

그중에서도 으뜸은 '육퇴 후 맥주'다. 마치 야근 후에 맥주를 마시듯, 육퇴 후에 맥주 한잔하는 양육자들이 늘고 있다.

"육퇴 성공 ㅋㅋ와 드디어 제시간이에요 12시 30분 남기고ㅜㅜ 13시간 만에 자유를 얻었어요 하ㅋㅋ. 고된 하루네요 맥주 한 캔 마실까봐요ㅋㅋ"
"육퇴 후 마시는 맥주 한잔은, 꿀맛입니다 내일 회사 출근도 해야하는데 에라이 모르겠다 입니다 ㅎㅎㅎ 유일한 낙이자 스트레스 해소."

육아가 힘든 일이 된 것은 연관 감성어에서도 나타난다. 예전에는 힘든 와중에 기쁨, 행복 등 긍정적 감성도 이야기했는데 최근에는 고민만 늘고 있다. 무엇보다 '죄책감'을 이야기한다. 이제는 힘든 것 자체가 문제가 아니라 더 잘하지 못하는 자신을 보며 죄책감을 느낀다.

"엄마가 요리를 못해서 미안하다 ㅜㅜ 매일매일 점점 더 자신이 없다. 먹는 게 얼마나 중요한데! 라는 얘기들이 나를 마구 위축시켜 죄책감이 든다."

뭔가를 엄청나게 못해서 좌절하는 것이 아니다. '아이 밥전 만들기 실패', '아이 시금치 이유식 만들기 실패', '아이 수면교육 실패' 등 사소한 일(엄마 본인에게는 물론 사소하지 않다)에도 실패와 성공을

〈'육아' 연관 감성 순위〉

	2016~17년		2018~19년 (~8월)
1	힘들다	1	힘들다
2	독박육아	2	고민
3	스트레스	3	스트레스
4	고민	4	독박육아
5	도움	5	도움
6	걱정	6	걱정
7	여유	7	여유
8	행복	8	사랑
9	짜증	9	공감
10	다행	10	행복
11	사랑	11	짜증
12	공감	12	다행
13	부담	13	부담
14	적극적	14	적극적
15	긍정적	15	긍정적
16	고생	16	안심
17	기적	17	안전
18	기쁨	18	고생
19	불안	19	칭찬
20	안심	20	죄책감

출처 | 생활변화관측소, 2016.01.01~2019.08.31

가르며 스스로 죄책감을 가중시킨다.

'육퇴'와 '죄책감'은 밀레니얼 세대가 육아에 대해 갖고 있는 양가감정을 단적으로 보여준다. '육퇴'는 나의 시간 없음을 한탄하는 말이다. 육아를 하나의 노동강도 센 의무로 보고 있다. 반면 죄책감은 전통적인 가치관에서 나온다. 엄마가 마땅히 가져야 한다는 모성애, 노력과 희생을 머리로는 알고 있으나 그렇게 못하는 데 죄책감을 느끼는 것이다.

육아는 그 자체로 당연히 힘든 일이지만, 어쩌면 밀레니얼 자신의 내면이 이처럼 모순적이기에 더 힘든 것은 아닐까. 육퇴를 외치며 내 시간을 더 소중히 하는 이기적인 엄마가 되거나, 죄책감을 느낄 바에야 전통적(이라 일컬어지는) 엄마의 역할을 하면 되는데, 내 안에 두 자아가 있기 때문에 힘들다. 내가 받은 교육이 지금의 현실과 너무 다르기에 나타나는 현상이다.

자아실현의 꿈이 육아를 만났을 때

혹자는 육아에 힘들어하는 요즘 부모들을 보며 인내심이 부족해서라고 말한다. 밀레니얼 세대는 중국의 소황제처럼 오냐오냐 자라서 자기밖에 모르고 힘든 일을 안 겪어봐서 그렇다는 것이다. 과연 이 때문일까? 요즘 부모들의 힘듦을 이해하려면 그들의 가치관과 문화를 만든 환경, 부모와 교육을 이해해야 한다.

밀레니얼들은 부모 세대가 이룩한 성취 덕분에 한국에서 처음으로 풍요로운 유년시절을 보냈고, 한국사회를 지배하는 1등 만능주의와 무한경쟁주의 속에 입시경쟁 압박을 받으며 자랐다.

"공부만 잘하면 돼. 나머지는 엄마아빠가 다 해줄게."

"경쟁에서 이겨야 해. 그래야 원하는 것을 가질 수 있어."

이들은 부모로부터 또는 사회로부터 이겨야만 승자가 되고, 좋은 대학만 들어가면 모든 것을 보상받는다고 배웠다. (그러한 가치관의 폐해가 오늘날 여기저기서 나타나고 있지만….) 그 결과 밀레니얼 세대의 80%가 대학교육을 받기에 이르렀다.[1]

동시에 이들은 백화점과 대형 마트로 상징되는 소비문화 속에 키워졌고, 해외여행도 초등학교 시절부터 경험했다. 그 후로 유학, 해외연수, 교환학생 등 다양한 해외경험을 했고, 서구의 소비문화를 접하며 눈도 한층 높아졌다.

이러한 밀레니얼 세대에게 성인이 될 무렵 찾아온 불황과 저성장의 충격은 상대적으로 더 클 수밖에 없다. 영원히 부모세대보다 잘 살 수 없으리라는 자괴감과, 이전 세대로부터 모든 기회를 박탈당했다는 분노와 약간의 망연자실이 얽혀 있다.

딸들은 더했다. 소설 《82년생 김지영》에서 볼 수 있듯 밀레니얼 세대의 유년시절은 여전히 사회적으로 남녀차별이 횡행하던 시대

---

[1] 1986년생이 대학생이 된 2005년 대학진학률은 82.1%로 최고치를 찍고, 2019년 68%로 하락했다. 그래도 여전히 OECD 국가 중 가장 높은 수치다.

였다. 그렇기 때문에 엄마들은 더욱더 딸들의 교육에 투자했는데, 목적은 대부분 엄마처럼 살지 말라는 것이었다. 집안일에서 벗어나 자아실현하라는 것이다. 직업을 갖고 자기 몫을 하며 사는, 남성들에게는 이미 당연한 모습이 밀레니얼 여성들에게는 엄마 대신 이뤄내야 하는 사명이 되었다.

부모의 교육 못지않게 매체에서 묘사하는 다른 세상의 삶도 자아실현 욕구를 자극했다. 예컨대 미드 〈섹스 앤 더 시티〉를 보라. 혼인

〈세대별 '아줌마' 부정률〉

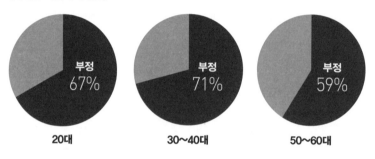

| 부정 67% | 부정 71% | 부정 59% |
| 20대 | 30~40대 | 50~60대 |

〈세대별 '전업주부' 부정률〉

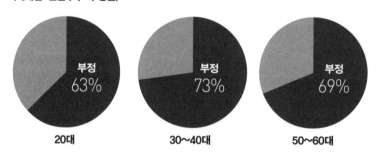

| 부정 63% | 부정 73% | 부정 69% |
| 20대 | 30~40대 | 50~60대 |

출처 | 생활변화관측소, 2016.01.01~2019.08.31

여부나 자녀의 유무, 나아가 나이 듦도 등장인물들의 자율적이고 주체적인 삶의 태도를 바꾸지 못한다. 밀레니얼 여성들은 주인공들의 연애, 패션, 먹고 마시는 온갖 라이프스타일과 삶에 대한 태도를 학습했다.

그러나 드라마 속 주인공들처럼 화려하고 주체적인 삶을 추구하던 그들은 결혼, 출산과 함께 큰 괴리감을 느낀다. 아이를 안고도 흐트러짐 없는 모습의 완벽한 워킹맘을 꿈꿨는데 출산과 동시에 시작된 육아 전쟁으로 초췌해진 자신의 모습을 보며, 멋지게 가꿔 가던 집이 아이용품과 옷가지 더미로 엉망이 된 모습을 보며 당황해 마지않는다.

엄마와 다른 삶을 살 것이라 확신했던 밀레니얼이기 때문에 '아줌마'와 '전업주부'에 대한 부정률은 다른 세대보다 더 높다. 엄마처럼 살지 말라고 가르친 엄마보다 잘 살지 못하는 것 같은 현실에 육아맘들이 우울감을 느끼는 것은 당연지사다.

불안할수록 필수육아템

'육퇴'라는 단어는 밀레니얼 맘들이 육아를 '과업(task)'으로 인식하고 있음을 보여준다. 과업이기에 파생되는 현상 하나는 경쟁심이다. 어려서부터 경쟁에 익숙한 밀레니얼 맘들은 마음이 다급해진다. 내가 몰라서 무엇인가 놓치는 것은 아닐까, 나 때문에 우리 아이가 더 똑똑해질 수 있는 기회를 놓치는 건 아닐까.

하지만 육아는 즉각적으로 눈에 보이는 결과랄 게 없다. 똑같은 집안일이라도 즉각적인 결과나 변화를 확인할 수 있는 인테리어는 그래서 핫하고, 육아는 그래서 어렵다. 회사 업무나 공부도 힘들기는 하지만 결과가 보이기 때문에 성취감이라는 당근으로 독려받을 수 있지만, 육아는 내 몸과 마음을 최대치로 써야 하는 난이도 최상급의 과업인데도 성과를 확인하기가 어렵다. 그저 불안한 마음을 달래기 위해 육아서를 읽고 공부하고, 남들 다 가는 육아박람회에서 남들 다 사는 육아템을 산다.

'육아는 아이템빨'이라는 말처럼 최근 몇 년 사이 육아템에 대한 관심이 가파르게 증가하고 있다. 육아템은 주로 신생아 및 영유아에게 필요한 물건으로 장난감, 아동복, 유모차, 기저귀 등 '국민○○'이 된 제품들을 말한다. 국민 장난감, 국민 유모차, 국민 기저귀 등 '국민'이 붙으면 그냥 지나치기가 어렵다. 육아 경쟁에서 지지 않기 위해 '필수'라 불리는 것들을 산다.

"육아는 국민템만 구비해도 반은 성공한다는 믿음으로 구매했다."
"육아템 신세계를 맛보고 정말 육아템 찾기에 빠졌어요. 템 하나당 제가 5분은 더 쉬네요. 육아템 쇼핑도 재밌고요 ㅋㅋㅋㅋ 육아템 좀 추천해주세용!"

육아를 돈으로 해결할 수 있다는 믿음. 이렇게 국민템, 대란템이

〈'육아템' 연관어〉

2017년		2018년		2019년 (~8월)	
1	아기	1	아기	1	아기
2	육아	2	육아	2	육아
3	엄마	3	아이	3	아이
4	아이	4	엄마	4	엄마
5	집	5	집	5	추천
6	시간	6	오늘	6	오늘
7	요즘	7	추천	7	시간
8	추천	8	시간	8	집
9	혼자	9	출산	9	출산
10	출산	10	좋다	10	후기
...		...		...	
19	남편	19	디자인	19	**필수**
20	가격	20	함께	20	보다
21	장난감	21	물	21	함께
22	선물	22	**필수**	22	잠깐
23	함께	23	보다	23	같이
24	보다	24	남편	24	유아
25	카페	25	사진	25	쓰다
26	둘째	26	장난감	26	사용하다
27	쓰다	27	둘째	27	둘째
28	같이	28	가격	28	사진
29	아들	29	쓰다	29	남편
30	유아	30	같이	30	장난감
31	마음	31	사용하다	31	가격
32	하루	32	마음	32	디자인
33	고민	33	사이즈	33	고민
34	사이즈	34	친구	34	임산부
35	느낌	35	아기띠	35	직접
36	모빌	36	느낌	36	사이즈
37	**필수**	37	직접	37	느낌

출처 | 생활변화관측소, 2017.01.01~2019.08.31

생겨나는 이유는 내가 다 경험해볼 수 없기 때문이다. 남들이 경험해서 믿을 수 있다고 인증해준 제품, 실패를 최소화해주는 국민템이야말로 밀레니얼 맘들에게는 가장 합리적인 소비인 것이다.

매력자본이 된 아빠 육아

이러한 육아용품을 구매하는 사람은 철저히 엄마들이다. 엄마가 육아에 대해 날마다 고민하고 배우고 공부한다면, 아빠는 '주말'에 함께 '놀이'만 한다. 아빠 육아가 늘었다고 하지만 여전히 놀이에 한정돼 있고, 다른 집안일과 비교해도 관심이 가장 저조하다. (남성이 그나마 많이 참여하는 집안일은 요리와 쓰레기 버리기, 세탁이다.)

소비사회에서 육아란 아이 케어 자체에 들이는 시간과, 아이 케어를 돕기 위해 필요한 제품과 서비스를 구매하는 시간의 합(合)이 되었다. 대부분 엄마가 아이 케어에 필요한 모든 용품을 준비해놓고 아빠는 사용만 한다. 아이 칫솔을 언제 바꿔줘야 하는지, 내일 아침에 먹을 이유식은 있는지, 신발 살 때 어떤 브랜드가 잘 맞는지 아는 아빠는 많지 않다. 육아의 일부분인 놀이에만 시간을 쏟는 것이 대한민국 아빠 육아의 현실이다.

밀레니얼 맘들이 '엄마처럼 살지 않겠다'며 자아실현의 압박 속에 키워졌다면, 밀레니얼 대디는 '아빠처럼 되지 않을 거야'라는

<‘엄마육아’ vs ‘아빠육아’ 연관어 순위〉

	엄마육아		아빠육아
1	아이	1	아이
2	돕다	2	아기
3	**힘들다**	3	**놀다**
4	놀다	4	시간
5	**생각하다**	5	부모
6	아기	6	책
7	모르다	7	집
8	**배우다**	8	**놀이**
9	지치다	9	**주말**
10	**책읽다**	10	가족

출처 | 생활변화관측소, 2016.01.01~2019.08.31

생각을 하며 자란 이들이다. (이들이 보기에 엄마는 매일의 생활이 별로이고, 아빠는 결과적으로 별로인 상태가 되었다.) 바쁘기만 한 아버지 밑에서 자란 밀레니얼 남성들은 ‘나는 결혼하면 가정적인 남편이자 아빠가 되어야지’ 하고 결심한다.

그럼에도 여전히 일요일이면 혼자 ‘나라 잃은 표정으로’ 아이를 데리고 나온 아빠들을 볼 수 있다. 밀레니얼 맘들이 자아실현의 꿈과 죄책감 사이에서 고민하듯, 밀레니얼 대디 또한 자신이 꿈꿔왔던 가정적인 남편상(像)과 돈만 잘 벌면 되었던 전통적인 아버지 모습 간의 괴리 속에 갈피를 못 잡는다. 가정을 등한시했다가는 자신의 아버지처럼 '내가 돈 버는 기계냐'고 항변하게 될 날이 올까 봐 두렵고, 육아나 가사에 참여하자니 아버지로부터 보고 배운 바가 없어서 우왕좌왕이다.

그럼에도 이들은 육아를 자신의 역할로 받아들인다는 점에서 기존의 아빠와는 다르다. 여기에는 교육과정의 변화도 영향을 미쳤으리라 본다. 1982년 이후에 태어난 밀레니얼 남성들은 '가정' 수업을 들은 첫 세대다. 1986년생부터는 통합된 '기술가정' 수업이 이루어졌으니, 이때부터 비로소 남녀가 같은 교육을 받았다고 해도 과언이 아니다. 더러는 제도의 변화가 세대의 가치관 변화를 주도하기도 한다. 밀레니얼 세대라는 분류는 외국에서도 통용되지만, 한국의 특수한 환경을 감안한다면 변화된 교육을 받고 자란 이들부터가 진짜 한국의 밀레니얼 세대가 아닐까 생각한다.

현재 남성 육아휴직률은 겨우 1.2%이지만 빠르게 증가하는 추세이고, 사회적 압력이 있는 만큼 아빠 육아는 점점 필수가 될 것이다. 밀레니얼 남성들이 본격적으로 보여줄 앞으로의 육아는 지금까지와는 다르지 않을까.

아빠들에게 더욱 반가운 소식은, 아빠 육아는 매력적으로 보인다는 사실이다. 엄마들이 들으면 억울할지도 모르겠다. 엄마가 하면 당연하고 아빠가 하면 칭찬받는 것도 억울한데, 한 술 더 떠서 매력 지수까지 높여준다니.

여성에게 집안일이었던 요리가 남성에게는 '누군가에게 어필 가능한 매력'이 되면서 더 많은 남성들이 요리에 적극성을 보였듯이,

육아가 남성의 매력을 발산하는 루트로 인식된다면 '아내를 도와준다'는 고정관념의 허들을 넘을 수 있지 않을까. 이때 비로소 육아가 자신의 매력자본을 만드는 즐거운 일이 되지 않을까? 이 허들을 낮춰주는 서비스와 제품이 있다면 자신의 매력자본을 확보하기 위

〈'엄마+아기' vs '아빠+아기' 연관 감성 순위〉

	엄마+아기		아빠+아기
1	**불안**	1	사랑
2	걱정	2	걱정
3	사랑	3	다행
4	고민	4	행복
5	다행	5	웃음
6	행복	6	감동
7	스트레스	7	고민
8	여유	8	짜증
9	감동	9	고생
10	**실패**	10	여유
11	웃음	11	**매력적**
12	짜증	12	**칭찬**
13	고생	13	스트레스
14	도움	14	축하
15	기대	15	귀여움

출처 | 생활변화관측소, 2017.01.01~2019.08.31

밀레니얼 맘의 불안을 해소하고,
밀레니얼 대디의 매력을 고양시키자.

해 남성들이 먼저 적극적으로 찾지 않을까? 아울러 엄마들에게도 아빠 육아처럼 칭찬받을 기회를 늘리고 불안감을 줄일 수 있도록 사회 분위기가 변화되어야 할 것이다.

밀레니얼 부모가 낳은 호캉스

밀레니얼 맘과 밀레니얼 대디가 어떠한 환경에서 성장했고, 어떤 교육을 받았으며, 이 가치관이 그들의 육아관과 양육방식에 어떤 영향을 미치는지 살펴보았다. 밀레니얼 엄마아빠 모두 자신이 받은 교육과 현실과의 괴리를 느낀다. 그러면서도 공통적으로 그들이 지키고 싶은 것은 '삶의 질'이다. 현실은 힘들지만 어려서부터 경험하고 배우며 이미 높아진 눈높이와 기대치를 포기할 수는 없다. 집은 어차피 못 사니까 차를 산다든지, 그도 안 되면 오늘 먹을 디저트에 투자해서 행복감을 느낀다. 아등바등 돈을 모으는 것보다 시간 날 때마다 해외여행을 가는 것이 가치 있다고 생각한다. 말하자면 '삶의 질'이란, 미친 듯이 일만 하다 인생에서 정말 소중한 것들을 놓쳐버리는 (것처럼 보이는) 부모 세대를 답습하지 않겠다, 나를 좀 더 사랑하며 살겠다는 의지의 선언이다.

그런데 어렵사리 지켜온 삶의 질을 육아가 위협한다. 삶의 질에 중요한 것은 자율성, 나의 선택권이다. 자유로운 시간과 구속받지 않는 신체, 이 두 가지를 모두 통제받는 육아는 밀레니얼에게 힘들

수밖에 없다. 직접 겪지 않아도 예상 가능한 어려움이다. 실제로 이러한 간접경험들이 쌓여 딩크족이 형성되고 있는 것 아닐까.

클리셰가 되어버린 '커피 한잔의 여유'가 1분도 혼자 있을 수 없는 양육자에게는 꿀맛 같은 미타임이 된다. 최근 스타벅스에서 'Take a 15-minute vacation'이라는 메시지를 던졌는데, 어떤 이에게 15분은 너무 짧은 시간이지만 육아를 해본 사람은 15분이라도 혼자 있을 수 있다면 얼마나 소중한지 알 것이다. 이런 맥락에서 삶의 질을 지키는 데 도움을 주는 비즈니스가 각광받고 있으며, 앞으로 점점 더 성장할 것이다. 육아에 관련된 소비가 육아용품뿐 아니라 부모의 삶의 질을 높여주는 육아 서비스 및 공간 이용에도 할애된다는 것이다.

아이를 돌보며 동시에 휴식도 취할 수 있는 방안은 현재까지는 키즈카페가 유일하다. 키즈카페는 여러모로 우리 시대 육아를 도와주는 잇플레이스가 되었다. 프리미엄급은 발렛 주차 서비스는 물론 고급식당 못지않은 음식에 맥주, 와인까지 팔면서 손님을 유치한다. 주중에는 독박육아하는 엄마들이, 주말이면 부부가 아이와 함께 방문해 아이들은 놀게 하고 어른들끼리 먹고 마시고 수다 떨며 스트레스를 푼다. 이렇듯 키즈카페는 아이들이 아니라 엄마아빠를 위한 곳이다. 육아의 짐을 잠시나마 덜 수 있고, 아이에게 더 좋은 환경을 제공한다는 명분도 있으면 금상첨화다. 이제는 놀이도구만 있는 키즈카페에서 진화해 집에서 할 수 없는 활동적 놀이가 가능한 키즈 볼풀장, 키즈짐을 갖추는가 하면 교육성을 가미한 직업체

▲프리미엄급 키즈카페 (자료제공 | 릴리펏)

▲호텔의 키즈 라운지 (자료제공 | 서울신라호텔, 이미지는 참고용)

양육자에게 혼자만의 시공간을 확보하게 해준다면
그들의 지불의사는 얼마든지 올라갈 수 있다.

험 전문 키즈카페, 미술놀이, 쿠킹클래스 전문 키즈카페 등 내용이 다양해지고 퀄리티도 좋아지고 있다.

여행도 미타임 확보를 위한 아이템이 되고 있다. 여행은 대한민국 전체에서 일상화되었지만, 아이를 데리고 가는 여행은 여전히 신경 쓸 것이 많고 번거롭다. 럭셔리의 상징인 신라호텔이 엄마들에게도 인기인 이유는 첫째도 둘째도 아이 친화적인 서비스와 태도 덕분이다. 하룻밤만 자려고 해도 챙길 것이 산더미 같은 아기용품들을 '웃는 얼굴로' 척척 준비해주고, 눈치 주기는커녕 아이를 친근하게 대접해주는 서비스는 입소문 내고 싶은 경험 그 자체다.

> "키즈프렌들리한 모든 것들(직원 및 시설) 그냥 다 너무나 항상 프렌들리한 직원들. 특히 아기한테 잘해주시는 게 너무 감사한 ㅜㅜ 딴 데서 맨날 눈치만 보는 엄마 입장에선 정말 눈물 날 일이다"

그러나 덧붙일 것이 있다. 호캉스가 대세인 이유는 비단 밀레니얼 부모들의 육아 고충을 덜어주기 때문만은 아니다. 부모에게는 보상이 되고, 아이에게 더 좋은 환경과 경험을 선사하는 가성비 좋은 아이템이기 때문이다.

이들은 소중한 아이에게 어려서부터 새롭고 좋은 경험을 선사하고 싶어 한다. 그런 이들에게 소셜미디어 등 다양한 루트를 통해 접한 호텔의 이미지는 충분히 매력적이다. 갓난아기에게도 래시가드를 입히고 예쁜 튜브에 태워서 사진을 찍고, 아이가 좋아하는 모습을 보며 보람을 느낀다.

아이가 더 크면 액티비티나 새로운 놀거리, 경험자산을 쌓을 수 있으므로 더욱더 호캉스가 각광받는다. 클럽메드에서 한국에서는 경험하지 못하는 각종 운동을 척척 해내는 아이들을 보며, 꽘 하얏트 캠프에서 외국 아이들과 노는 아이를 보면서 돈 쓴 값을 했다, 무리해서라도 이런 곳에 자주 와야겠다고 생각한다. 즉 똑같은 호캉스라도 클럽메드나 하얏트 캠프에 돈을 지불하는 것이 아깝지 않은 이유는 우리 아이가 경험으로 얻는 것이 더 크기 때문이다.

그렇다면 국내 호텔들은 비행기 값을 굳게 하는 수준을 넘어 더 큰 메리트를 제공해야 하지 않을까? 해외 호캉스에서 얻는 경험자산보다 더 만족스러운 콘텐츠를 제공해야 한다는 것이다.

다행히 최근에 생기는 국내 호텔들은 밀레니얼들의 이러한 니즈를 파악하고 있는 듯하다. 아이 손님을 유치하기 위해 적극적으로 노력하는 호텔들이 소셜미디어에서 높은 인기를 끌고 있다. 영종도 파라다이스시티 호텔은 넓은 유아풀 공간(아이가 있으면 '아기자기함boutique' 보다 아이가 아무리 소리를 질러도 무방한 '개방감spacious'이 중요하다)으로, 부산 파라다이스 호텔은 BMW와 콜라보레이션한 드라이빙센터로 밀레니얼 부모들 사이에 입소문을 탔다. 여느 호텔 수영장이라도 아이를 위한 특별 시설이 있다면, 또는 그곳에서만 경험할 수 있는 콘텐츠가 있다면 가성비를 생각하는 부모에게는 정답이 되고, 입소문으로 인기를 얻는다.

호캉스는 단순한 유행이 아니다.
밀레니얼 세대의 욕구가 응축된,
원스톱 솔루션이 가능한,
라이프스타일 트렌드 그 자체다.

"옷 갈아입는 탈의실과 샤워시설이 너무너무너무 넓고도 좋다. 하얏트도 좋긴 했지만… 왜 요즘 하얏트가 운영에 고전하는지 이해가 간다. 탈의실이 너무 좁고, 샤워공간도 3~4개밖에 없고, 풀장도 2개라서 사실 약간 아쉬운 맘이 들었는데. 10만 원을 더 주고라도 파라다이스를 가는 게 만족도가 높을 듯, 뭐든지 spacious하다."

"하얏트 키즈캠프 최고♡ 6살 딸아이(만 4세) 혼자 캠프하얏트 요리수업 참여하고 컵케익 만들어왔네요. 영어를 잘 모르지만 그래도 꿋꿋이 잘 만들고 온 딸에게 박수를ㅋ"

양육방식은 자기 세대의 결핍으로부터

이는 어쩌면 밀레니얼 세대가 자신에게 부족한 부분, 결핍된 부분을 아이에게 채워주려는 노력인지도 모른다. 과거 부모 세대가 무리해서라도 교육지원을 아끼지 않았듯이, 밀레니얼 부모들은 21세기에 필요하다는 공감능력을 키워주기 위해 자원을 쏟는 것 아닐까.

부모 세대는 교육만이 살길이라 생각했기 때문에 조기교육을 시키고 입시경쟁을 만들었다. 밀레니얼 세대는 이미 충분한 교육을 받았기 때문에, 자녀가 경쟁적으로 공부에 목숨 걸기보다는 자신이 동경했던 해외 경험이나 새로운 문화 경험을 하기 바란다. 단적인 예가 '체험학습'이다. 대학입시가 코앞이 아닌 중학생까지는 체험

학습이라는 명목으로 가족여행을 가는 경우가 허다하다. 개근상 못 타면 큰일 나는 줄 알았던 과거 부모 세대와는 다르다.

"제주도 갑자기 결정했어요. 근데 5월에 가면 체험 내야 하는데, 9월 에 또 유럽 갈 거라ㅎㅎ 맨날 노는 것 같네요. 그래도 지금 많이 다녀 야지, 하는 생각으로 열심히 알아보고 있어요."

"다른 친구들은 다 학교 빠지고 해외여행도 가고 그러는데 자긴 왜 학 교 안 빠지냐며… 이번 해외여행도 방학기간으로 잡아놨는데… 제 속 도 모르고… 아직 시간이 좀 많이 남았으니 하루 정도 시간 빼서 키자 니아라도 갈까 생각중이에요ㅎㅎ"

경험 전쟁은 신생아 때부터 시작된다. 주말이면 피곤해도 집을 나서는 이유는 모두 아이의 경험을 넓혀주기 위함이다. 여행지, 호 텔과 리조트, 어린이 북카페, 키즈카페, 쇼핑몰, 전시회에서 한 경험 이 쌓여서 아이의 인생이 좋은 방향으로 나아갈 것이라 믿는다.

"이제 막 130일 지난 아기예요. 체크인 시간보다 늦게 도착해서 부랴 부랴 수영장부터 가려고 수영복 갈아입히고 한컷ㅎㅎ."

"넘나 알차고 잼났던 파라다이스시티, 플라자 한 바퀴 돌고, 수영장도 가야 하고 하늘정원 갔다 원더박스 오픈하고 더 알차진 느낌이에요. 공연도 재미나고, 1박2일이 모자랐어요. 집에 가기 싫다는 초등학생 울아들ㅋㅋ시간 내서 많이 와야겠다는 생각이 드네요."

경험자산을 만들어주기 위해서는 무리가 되더라도 기꺼이 지갑을 연다. 물론 차별화된 경험자산을 만들어주는 데에는 부모의 경제적 능력도 중요하지만, 돈 있는 사람만 경험 전쟁에 뛰어드는 것은 아니다. 밀레니얼 부모들은 부를 축적하는 것보다 소비가 더 익숙하고, 자신답게 만드는 행위라고 생각한다.

마지막으로 궁금한 것이 있다. 어려서부터 이처럼 럭셔리한 체험과 비일상적인 경험을 많이 하고 자란 세대는 어떤 가치관을 갖고 살게 될까? 앞으로 20~30년 후, 밀레니얼의 자녀들이 주력 소비세대가 되었을 때 그들이 느끼게 될 결핍은 무엇일까? 그것이 그들이 다음 세대를 위해 아낌없이 소비하는 대상이 될 것이다.

육퇴하고 싶으면서도 죄책감 느끼는 밀레니얼 맘을 이해하자

육아에서 퇴근하고 싶은 절박감과 더 잘하지 못한다는 죄책감을 동시에 느끼는 밀레니얼 맘의 양가적인 마음을 이해하자. 죄책감을 줄여주는 커뮤니케이션, 실질적인 보상방안을 제시하자.

밀레니얼다움의 3요소를 이해하자

밀레니얼은 자녀가 경험자산을 더 많이 쌓길 바라는 욕심이 있다. 경험 전쟁에서 승리할 수 있는 콘텐츠를 제공하고, 부모에게 미타임을 확보하게 해주며, 아울러 가성비도 충족된다면 지불의사는 얼마든지 올라갈 수 있다. 이들의 욕구를 한 번에 충족해주는 호캉스의 매력을 이해하고, 우리 비즈니스에 적용하자.

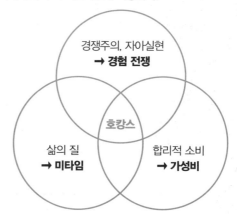

〈밀레니얼다움의 3요소〉

매력적으로 보이기 위한 아빠 육아를 도와주자

아빠 육아는 증가할 것이다. 아빠 육아가 더욱 매력적으로 보이게 할 상품과 서비스는 무엇일지 고민해보자.

엄마 여행 갔다올게~

Chapter 6.
X세대 엄마, 변화하는 엄마
구지원

소비시장의 큰손인 4050여성.
그러나 자신보다는 가족을 위해 소비하기에
기업의 마케팅도 주목하지 않는 '소외된 타깃'이었다.
그러던 이들이 이제 자신을 위해 돈과 시간을 쓰기 시작했다.
가족에 헌신하는 엄마가 사실은 X세대였음을 기억한다면,
이들의 변화가 이해될지도 모른다.

우리 엄마가 달라졌어요

엄마가 변했다. 잘 키운 아들딸 사진은 배경으로 밀려나고, 이름 모를 화초 하나가 프로필 사진을 떡 하니 차지하기 시작했다. 그녀의 계모임 장소는 계절밥상이 아니라 자주(JAJU) 테이블이 되었고, 정식 개장한 지 반년도 안 된 서울식물원을 20대 딸보다 먼저 알고 가보자 한다. 주말 드라마가 재미없으면 가차 없이 유튜브를 켜고, TV로 홈쇼핑을 보지만 주문은 앱으로 하는 그녀들. 우리가 생각하는 것보다 대한민국의 엄마들은 더 빠르게 변하고 있다.

현재 40~50대는 명실상부 대한민국 경제인구의 중심이자 소비의 큰손이다. '엄마 찬스'의 '엄마'를 맡고 있는 그녀들은 결혼한 자녀에게도 기꺼이 본인의 카드를 내어준다. 대한민국 역사상 부모보다 가난한 첫 세대가 밀레니얼이라면, 반대로 40~50대는 자식보다 돈이 많은 첫 중년세대라 할 수 있겠다. 그들은 홈쇼핑에서 열심히 물건을 설명하는 쇼호스트의 말에 귀 기울여줄 시간적 여유가 있으며, 수량이 얼마 안 남았다는 말에 못 이기는 척 구매 버튼을 누를 만큼의 경제적 여유도 있다. 가족을 위해 소비하던 그들이 자신을 위한 소비를 시작했다는 말은 더 이상 놀랍지 않다. 올리브영에 따르면 2012년까지만 해도 40대 이상 회원 고객의 매출 비중은 전체의 6.8%에 불과했지만 2018년 상반기에는 20.7%를 기록했다. 주요 구매품목도 비타민이나 건강기능식품에서 네일 스티커나 색조화장품으로 확장되었다. [1]

물론 소비시장에서 중년의 구매력이 떠오른 것이 어제오늘의 일은 아니다. 대표적으로는 이른바 '영포티(Young Forty)'가 있다. 말 그대로 기존의 40대와 달리 젊은 감각으로 자신을 꾸밀 줄 아는 40대를 지칭하는 말이지만, 막상 포털에 영포티를 검색해보면 '남성'의 이미지가 주를 이룬다. 40대 이상의 구매력 있는 중년남성에 주목하여 이를 타깃으로 한 마케팅은 많지만 같은 나이대의 여성 소비자층을 지칭하는 뚜렷한 용어나 마케팅은 없다.

그러나 본인이 쓸 아이크림 하나 사면서도 남편의 여름 셔츠를 고민하고, 타지에서 자취하는 딸을 위해 에어프라이어를 보내주는 사람은 결국 엄마 아니던가. 가족 구성원 중에서 실질적으로 돈을 가장 많이 쓰고 관리도 직접 하지만, 정작 마케팅에서는 사각지대에 있는 40~50대 여성들. 소비의 주체이나 실체 없는 그녀들이 어떤 삶을 살아왔으며, 현재 어떠한 변화를 맞이하고 있는지 우리는 이해할 필요가 있다.

---

1) CJ올리브네트웍스 매출보고서, 2018.

자유와 낭만의 신인류, 현실에 치이다

대한민국의 'X세대'는 이전 세대의 가치관과 문화를 거부하는 이질적인 집단으로 무관심, 무정형, 기존질서 부정을 특징으로 하는 세대로 정의된다.[2] 출생연도로 보면 1965~79년생이지만 통상적으로는 1960년대 후반~70년대에 태어나 1990년대에 20대를 보낸 사람들을 말한다. 이들은 새마을운동 시기에 태어나 많은 것들이 변화하는 것을 목도했고, 민주항쟁 이후에 대학생이 되어 군사독재 정권의 암울한 기억 대신 경제적, 문화적 풍요 속에 자유와 낭만의 시대를 만끽했다.

흑백논리에 익숙한 386세대는 가볍게 기성세대로 치부해버리고, 컬러TV처럼 톡톡 튀는 개성으로 중무장한 그들을 세상은 '신(新) 인류'라 불렀다. 2015년 대한민국을 뒤흔들었던 tvN 드라마 〈응답하라 1988〉의 주인공 덕선이를 기억하는가. 어색한 화장에 통이 큰 바지를 입고 골목을 활보하던 소녀는 그 시절을 추억하는 40~50대 뿐 아니라 그때 태어나지도 않았던 지금의 10~20대까지 사로잡았다. 모두 'X세대'의 매력에 빠져든 것이다.

386세대도 88만원 세대도 아닌,
그래도 아직은 기성세대로는 불리고 싶지 않은 한 여자가 있다.

---

2) 김기란·최기호, 《대중문화사전》, 2009, 현실문화연구.

대한민국에서 가장 많다는 1971년생. 마흔다섯의 성덕선.

덕선이 열여덟이던 1988년, 건국 이래 최고의 행사인 '서울 올림픽'
이 열렸고

학력고사를 치르던 1989년, 베를린 장벽이 무너졌다.

대학에 입학하던 1990년, MBC 라디오 〈배철수의 음악캠프〉가 시작
됐다.

 - 〈응답하라 1988〉 프로그램 소개글 중

X세대는 대한민국에서 처음으로 합법적 자유를 누린 세대라 할
수 있다. 그들의 학창시절은 야간통행금지 해제, 두발 자유화 및 교
복 자율화 시행과 함께했다. 한국사회를 억압하고 있던 각종 규제
에서 벗어나 문화적, 정서적으로 해방을 맞이한 것이다. 이러한 역
사적 배경을 가지고 있어 이전 386세대와는 달리 국가적 사명보다
는 개인의 행복과 자유, 낭만을 중시하는 성향이 강하며, 나이 들어
도 쉽게 보수화되지 않는다. 개성 없다는 말이 마치 사형선고와도
같았던 그 시절, X세대는 과거의 패러다임을 거부하고 자신만의 개
성과 삶의 방식을 찾아 나섰다.

그러나 꽃 같던 청춘도 잠시, 이후의 삶은 녹록지 않았다. 대학을
졸업할 무렵 '취업 재수'라는 말이 등장했고, 직장 잡고 결혼할 무
렵 IMF 외환위기를 만났다. 현실에 치여 낭만을 잊고 숨 가쁘게 달
려온 그들은 또 한 번의 금융위기를 정통으로 겪느라 취업, 결혼,
양육은 물론 내 집 마련의 꿈까지 무엇 하나 쉽게 이룰 수 없었다.

기성세대의 가치관을 거부한 첫 세대.
젊은 시절 낭만을 간직하고 있으나
마음놓고 누려보지 못한 세대.
주류이나 주류로 주목받지 못한, 잊혀진 세대.

인구통계학적으로 보면 X세대는 현재 한국사회의 경제적 중추를 이루고 있는 명실상부한 대한민국의 허리층이다. 그러나 386세대와 88만원 세대에 밀려 존재감을 잃었으며, 직장에선 상사 눈치보고 가정에선 자녀 뒷바라지하느라 이리 치이고 저리 치이는 '낀세대'이기도 하다. 기존의 관습을 거부하며 화려하게 등장한 청년들은 어느덧 시간이 흘러 주류임에도 주목받지 못하는 중년이 되었다.

그들은 기성세대로 불리고 싶어 하지 않는 대한민국의 새로운 중년이다. 젊은 시절의 낭만을 간직하며 영원히 X세대로 기억되고 싶은 그들의 욕망은 20여 년이 흐른 지금도 유효하다.

다시 꽃피는 '배낭여행 1세대'의 로망

X세대는 경제부흥기에 출생하여 절대적 빈곤에서 벗어나 한국이 최고의 호황을 누렸던 1980년대 후반~90년대에 청년시기를 보내며 물질적 풍요를 경험했다. 원하는 것이 있으면 손에 넣을 수 있었고, 시대의 분위기는 그들의 소비를 더욱 부추겼다. 1988년 서울올림픽을 성공적으로 치른 후 높아진 국제화에 대한 열기로 기존의 연령제한이 철폐되고 해외여행이 전면 자유화되었다. 당시 한국관광공사 발표에 의하면 1989년 사상 최초로 출국자 수가 100만 명을 돌파했고, 그중에서도 20대의 해외여행 증가율이 가장 높았

다고 한다.[3] 대학생들을 중심으로 배낭여행, 어학연수가 하나의 유행으로 자리잡으면서 대학가의 분위기도 사뭇 바뀌었다. 대학생의 배낭여행을 소재로 한 각종 서적과 프로그램이 쏟아져 나왔고, 전문 여행사들은 캠퍼스를 돌아다니며 여행상품을 홍보했다. '청춘이여, 지금 당장 떠나라!'고 말이다.

30년 가까이 지나 중년기에 접어든 지금도 그들은 그때 그 시절 배낭여행의 낭만을 기억하고 있는 듯하다. 40~50대 여성 커뮤니티에서 이루어지는 담론을 살펴보면 '여행'(7만 9658건)이 '건강'(3만 4014건)보다 2배 이상 많이 언급된다. 여행에 대한 중장년층의 높은 관심을 반영한 듯 홈쇼핑 채널에서도 여행상품을 당당히 황금시간대에 배치하고 있으며, 실제로 CJ오쇼핑의 여행 전문 프로그램 '꽃보다 여행' 방송에서 국내 TV홈쇼핑 채널 역대 최대 주문액이 나오기도 했다.

중장년층의 여행 로망을 제대로 충족시켜주는 곳은 가까운 제주도나 일본이 아닌 유럽이다. '스페인'과 '이탈리아'는 다녀온 여행지 순위에서 아예 20위권 밖이지만, 가고 싶은 여행지에는 각각 8위와 11위에 올라 있다.

대학시절 배낭을 메고 처음 유럽을 여행했던 그때의 낭만은 여전하지만, 다만 변한 것은 나이를 먹었다는 사실이다. 그때의 자유와 낭만을 만끽하고 싶지만, 결코 궁핍해서는 안 된다. 대학생 때야 백

---

3) 국가기록원 기록정보콘텐츠 (http://www.archives.go.kr/next/theme/themeView01.do)

팩 하나 메고 돌아다니는 것이 새로운 경험이고 추억이었지만 나이 든 지금은 고생길이다. 내 집보다 못한 숙소, 다리도 쉽게 뻗을 수 없는 저가항공으로 갈 바에야 차라리 안 가고 만다. 그들이 원하는 것은 결코 가난한 청춘, 궁핍한 젊음이 아니다. 그들의 여행은 초라하지 않고, 낭만적이며 풍요로워야 한다.

"Q. 알뜰여행 3번 vs 럭셔리 여행 1번?

ㄴ 대학생 때는 백팩커, 유스에서 묵어도 그게 새로운 경험이고 추억이었는데요. 이젠 윗분들 말씀대로 내 집보다 못한 숙소 잡는 여행은 안 가고 맙니다. 깨끗하고 편안한 내 집 놔두고 놀러가는 건데, 최소한 내 집보단 나아야지요. 나이 40 되니 몸이 불편한 여행은 즐거움이 아니라 고생길이네요.

ㄴ 나이 들수록 후자죠. 나이 들수록 알뜰하게 돈 신경 써가며 뭐든 긴축하고 숙소도 아끼고 교통 비행기도 아끼면서 해외여행 가는 건 안 가느니만 못해요. 여행 다녀와서 병나서 병원 통원치료 받으러 다니시는 분들 많아요. 잘못 가면 정말 지옥을 맛볼 수 있는 게 여행이라서 젊을 때는 그것도 한때의 추억이지만 나이 들어 돈 아낀다고 장거리 비행기나 숙소 투자 많이 못해 허리나 목에 무리 생기면 회복이 안 될 수도 있죠."

혼자서도 잘해요?

1989년 해외여행 자유화 조치 이후 그녀들의 여행을 가로막는

것은 이제 어디에도 없으나, 어느 순간부터 그녀들은 쉽게 여행을
갈 수 없게 되었다. 자녀가 생긴 이후로 모든 여행은 자녀에게 맞춰
졌고, 가족과 함께 가는 여행에서 잔소리는 언제나 그들의 몫이었
다. 선크림 발라라, 겉옷 챙겨라, 천천히 먹어라… 엄마로서, 아내로
서 신경 쓸 것이 한두 가지가 아닌 여행에서 그녀들은 결코 자유로
울 수 없다. 그런 그들도 가끔은 혼자서 훌쩍 떠나고 싶다는 생각을
한다.

"이제 50 되었어요. 아이는 다 자라 독립했구요. 남편은 아직 일상이
바쁜 회사원이라 함께할 시간이 별로 없어요. 친한 친구들도 다들 자
기계발 잘해서 크든 작든 다 일을 하거나 아직 육아에 바쁘네요. 해외
여행이든 국내여행이든 다니고 싶은데 막상 혼자 움직이려니 쉽지가
않네요."

"큰 용기가 없으면 우리 나이에 자유여행은 무섭죠. 결혼 전에는 혼자
중동 배낭여행도 다녀올 정도로 많이 돌아다녔는데 나이를 먹어서 그
런가 혼자 해외여행도 망설여지네요."

"8박 10일 호주여행 마지막 날이네요. 브리즈번, 골드코스트, 멜버른,
시드니 찍고 내일 서울 가네요. 영어를 못하고 해외여행을 많이 안 해
봐서 패키지로 왔어요. (…) 집에 가면 영어공부 해야지. 언제 외국여
행 갈지 모르겠지만 다음에 나갈 때는 더 당당하게 영어로 얘기하고
싶어요."

그들이 혼자 떠나지 못하는 이유는 경제적 부담 때문도, 가족 때문도 아니다. 혼자서 모든 것을 해야 한다는 심리적 부담감 때문이다. 혼자서 숙소를 예약하고, 길을 찾고, 레스토랑에 들어가 영어로 주문해야 하는 모든 상황이 낯설고 어렵기만 하다. 식구들 챙기는 것은 쉬웠지만 막상 혼자서는 내 몸 하나 챙기기 어렵다는 무력감이 그녀들을 떠나지 못하게 붙잡는다.

혼밥, 혼영, 혼술 등 혼자 있는 시간이 좋고 편한 밀레니얼과 달리 4050여성들은 혼자 있는 상황이 아직은 힘들다. 그녀들은 혼자서도 잘할 수 있고, 남편과 아이들이 없는 나의 일상도 초라하거나

〈2030여성 vs 4050여성 '혼자' 연관 감성어 순위〉

	4050여성		2030여성
1	힘들다	1	좋다
2	좋다	2	힘들다
3	모르다	3	많다
4	많다	4	모르다
5	안되다	5	좋아하다
6	좋아하다	6	안되다
7	잘하다	7	느끼다
8	싫다	8	무섭다
9	아프다	9	외롭다
10	맞다	10	싫다

출처 | 생활변화관측소 여성 커뮤니티, 2016.01.01~2019.08.31

외롭지 않다는 것을 증명해 보이고 싶다. 어쩔 수 없이 이번에도 자유여행 대신 패키지여행을 떠나지만 언젠가는 가이드의 깃발 대신 구글 맵을 보며 낯선 땅을 돌아다니기를, 배낭 하나 메고 훌쩍 떠났던 그 시절처럼 "엄마 여행 갔다 올게"라고 당당히 말할 날이 오기를 꿈꾼다.

X세대 엄마와 밀레니얼 딸

4050여성들이 유독 홈쇼핑을 좋아하는 이유는 형식적으로나마 "어머님들, 요즘 살림하기 힘드시죠?"라고 말을 건네주는 사람이 있기 때문일지도 모른다. 남의 편 같은 남편, 무뚝뚝한 아들이 갱년기 여성의 고초를 완벽히 이해할 리 만무하다. 결국 엄마의 힘듦을 알아봐주는 것은 딸이다. 입버릇처럼 '나는 결코 엄마처럼 살지 않을 거야!'라고 다짐하지만, 비혼이라는 선택지가 없던 시절에 결혼해 엄마로 살 수밖에 없었던 그 삶이 딸은 안쓰럽다.

갱년기를 맞은 엄마를 위해 넌지시 여성에게 좋다는 건강식품을 건네고, 엄마의 카톡은 너무 무뚝뚝하다며 귀여운 이모티콘을 선물한다. 경제력은 없어도 정보력만큼은 누구에게도 뒤지지 않는 밀레니얼. 엄마의 스마트폰에 마켓컬리와 인스타그램을 깔아주고, 유튜브 사용법을 알려주는 것이 바로 밀레니얼식 효도다.

최근 들어 엄마와 딸의 관계는 단순히 보호자와 피보호자를 넘어 정서적으로 교감하는 친구 같은 관계에 가까워지고 있다. 요즘 인스타그램을 보면 중고등학생 딸과 함께 데이트를 즐기는 엄마들의 '딸스타그램'을 어렵지 않게 볼 수 있다. 시험 끝난 기념으로 영화와 뮤지컬을 보러 가고, 딸이 좋아하는 '틱톡'과 방탄소년단으로 공감대를 형성한다. 그녀들은 사춘기와 갱년기의 팽팽한 대결구도에서 벗어나 집밖에서 많은 시간을 보내며, 누구도 피해갈 수 없는 이 시기를 함께 이겨내고 있다.

"오랜만에 딸과의 데이트~~ 잼나는 알라딘 보고… 맛있는 밥 먹고… 차 마시고… 엄마는 딸 기분 맞춰주느라 수고하는데… 정작 본인은 틈나는 대로 휴대폰만~~~ #알라딘 #딸기분 #딸과의데이또"
"이쁜것ㅎㅎ 요새 애들은 재미있는 게 참 많아 좋겠다~~ 나도 오늘 배웠으니 곧 해봐야지ㅋㅋ 주책맞게ㅋㅋ
#딸스타그램 #틱톡 #이쁘니 #소확행 #쌀쌀맞은딸 #틱톡"
"자력으로 #방탄콘서트 가신 #딸램 ♥ #중2딸 #BTS #BTS콘서트 본인인증 통과. 잘 놀다와 너는 좋겠다 #방탄콘서트 가서 나도 #방탄 보러 가고 싶은데 낼 모레가 시험인데 참 맘 편한 #사춘기 #사랑해요BTS"

10대 딸이 데이트 상대라면, 20대 딸은 훌륭한 여행 메이트다. 최근 3년간 부녀여행, 부자여행, 모자여행의 언급량은 미미한 가운데 모녀여행만 3배 가까이 증가했다. 다양한 가족관계 중에 유독 엄

〈'가족관계+여행' 언급 추이〉

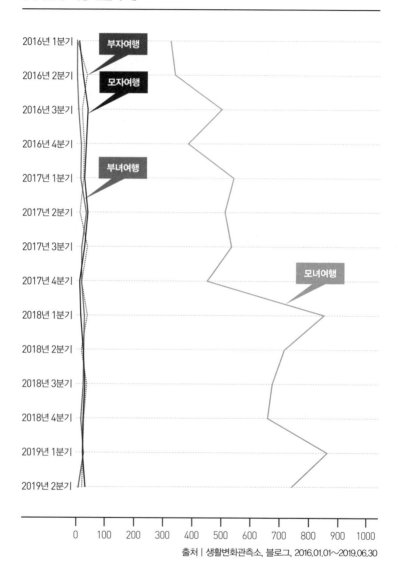

출처 | 생활변화관측소, 블로그, 2016.01.01~2019.06.30

마와 딸의 관계가 뜨고 있는 이유는 무엇일까? 기본적으로는 여성으로서의 삶을 공유하고 있다는 공통점이 있겠지만 사실 그보다는 서로의 로망을 가장 잘 실현시켜줄 수 있는 관계이기 때문 아닐까. 딸은 뛰어난 정보력으로 온갖 맛집과 핫플레이스를 찾고 엄마와 세트로 맞춰 입을 옷까지 준비한다. 대신 돈 걱정 없이 평소 하고 싶었지만 쉽게 할 수 없던 호사스러운 경험을 누린다. 엄마는 경제적 지원을 하는 대신 딸과 함께 '요즘 애들'이 입고 먹는 것들을 체험할 수 있다. 혼자 가는 여행은 부담스러워도 영어를 할 줄 아는 든든한 딸과 함께라면 유럽 여행도 문제없다.

"제가 20대 후반에서야 처음 유럽으로 여행을 가봤는데… 늘 가족이 우선이었던 50대 중반 우리 엄마의 마음 속에도 살고 있는 가슴 떨리는 소녀를 끄집어내어 넓고 예쁜 세상을 보여주고 싶어서 코디 컨셉, 맛집 리스트까지 디테일하게 여행 준비 중입니다"

"엄마랑 언젠가 둘이 신발까지 풀착장으로 맞춰 입고

▲출처 | 하나투어 공식 홈페이지 (www.hanatour.com)

포지타노 여행 떠나는 로망을 현실화하기 위해 매달 조금씩 준비하고 있어요."

이렇듯 서로의 로망이 만나는 지점이 있기에 모녀관계는 더욱 시너지가 난다. '모녀○○'의 언급량을 보면 아직까지는 모녀여행이 약 75%로 압도적으로 높은 비중을 차지하고 있지만 모녀 데이트, 모녀 스냅사진, 모녀 커플룩과 같은 다양한 키워드의 언급량도 꾸준히 증가하고 있다. 아들밖에 없는 엄마에게는 조금 안타까운 일이지만 당분간 모자관계가 모녀관계를 앞지르기는 어려울 것으로 보인다. 아직까지 한국사회에서 엄마와 너무 친한 아들은 마마보이로 낙인찍히기 쉽기 때문이다. 다양한 가족관계 중에서 가장 많은 것을 공유하고, 가장 스스럼없는 관계를 형성할 수 있는 모녀지간. 딸들의 젊은 감각까지 더해져 X세대 엄마들은 더욱 빠르게 변화하고 있다.

유튜브로 배우는 인생2막

X세대는 아날로그에서 디지털로, 삐삐에서 스마트폰으로의 전환기를 직접 몸으로 겪은 세대이기도 하다. 그래서인지 그들은 디지털 네이티브는 아니지만 디지털 친숙도와 적응력이 비교적 높다. 최근 방송통신위원회가 발표한 '2018 방송매체 이용행태조사'

지금은 모녀시대(母女時代),
엄마와 딸의 로망이 교차하는 지점에 기회가 있다.

결과에 따르면 40대의 71.7%가 스마트폰을 필수매체라 답했고, 50 대에서는 근소한 차이로 TV(50.2%)가 스마트폰(46.3%)을 앞섰지만 격차가 점점 줄어드는 양상을 보였다. 전통 미디어인 TV에 익숙한 40~50대조차 점차 스마트폰을 일상생활에서 필수적인 매체로 인지하기 시작한 것이다.

이러한 시점에 유튜브가 4050여성들의 영원한 친구 홈쇼핑을 앞질렀다는 데이터는 주목할 만하다. 또한 최근 3년간 TV 드라마의 언급량은 일정 수준에서 증가하지 않고 정체된 반면, 같은 기간 동안 유튜브 언급량은 4배 이상 증가했다는 사실도 기억해두자. TV가 4050 중년여성들에게 가지는 영향력은 여전히 막강하지만 유튜브가 빠른 속도로 이를 추격하며 그녀들의 일상으로 들어오고 있다.

"요즘은 출퇴근 때 유튜브 강연 듣고 있어요. 김미경 네자매 의상실 재미있어요. 사춘기 아이를 대하는 마음이 달라질 거예요. 덕분에 어제도 아들에게 고맙다, 예쁘다는 말을 하게 되었어요. 김창옥, 세바시도 같이 봅니다."

"작년까진 간헐적으로 봐왔는데 올해 들어 티비는 뒷전이고 유튜브가 훨씬 재미있고 유익하다는 생각까지 들어요. 요리부터 인생상담, 지혜, 인문학강의는 또 얼마나 훌륭한지… 마카롱 만들기도 배우고 잠 안 올 땐 수면음악 켜두거나 김영하 작가 낭독소설도 듣고… 끝이 없네요."

〈'보다+유튜브' vs '보다+홈쇼핑' 언급 추이〉

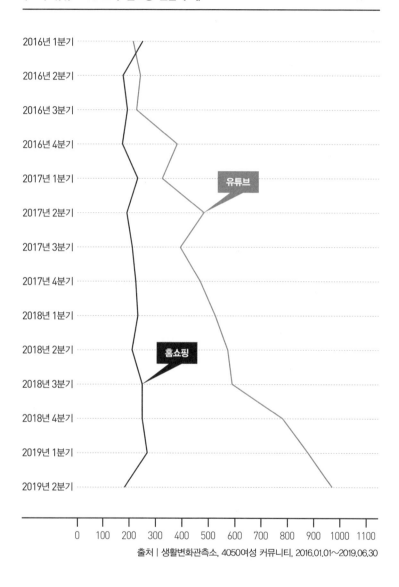

출처 | 생활변화관측소, 4050여성 커뮤니티, 2016.01.01~2019.06.30

"유튜브 많이 봐요. 궁금한 거 특이한 거 배우고 싶은 거 너무 다양해서 좋아요. 어지간한 학원이나 강사보다 낫다 싶어요."

요즘 10대는 유튜브로 검색을 하고 60대는 정치 뉴스를 본다면, 40~50대는 유튜브에서 무언가를 배운다. 유튜브는 그들에게 단순히 시간을 때우거나 재미를 주는 것 이상의 유익함을 제공한다. 그래서 유튜브를 대하는 4050의 자세는 사뭇 진지하다. TV에서는 살림 잘하는 법을 가르쳐주지만 유튜브에서는 인생 잘 사는 법을 가르쳐준다.

4050 커뮤니티를 보면 연예인만큼이나 많이 거론되는 인물이 있는데 바로 스타강사 '김미경'이다. 그녀는 2019년 현재 78만 명이라는 엄청난 구독자를 보유하고 있는데, 그녀의 채널 '유튜브대학 김미경TV'의 주 구독자층은 바로 4050 주부들이다.

채널의 캐치프레이즈도 의미심장하다. '오늘을 살아내고 내일을 꿈꾸게 하는 김미경TV.' 여기서 포인트는 살아가는 것이 아니라 '살아낸다'는 것이다. 영상을 보는 사람으로 하여금 인생을 그냥 흘러가게 두지 않고 의지를 갖게 하는 것이 이 채널의 목표다. 김미경 강사는 말한다. 나이가 50이면 앞으로 덤으로 10~20년을 사는 게 아니라 똑같은 50년을 더 살아야 한다고, 그러니 집에만 있지 말고 애 보내고 남는 5~6시간 동안 (밖으로) 나오라고 말이다. 그래서인지 그녀의 영상에는 덕분에 다시 살아갈 힘을 얻었다는 중년여성들의 간증형 댓글이 유독 많다. 그들은 유튜브라는 거대한 세계

〈4050여성 '공부하다' 연관 교육 콘텐츠 순위〉

	키워드	언급량
1	수업	1,171
2	자격증	1,065
3	인터넷강의	931
4	과외	623
5	학습	513
6	교육	474
7	숙제	445
8	영어공부	406
9	영어학원	361
10	대학원	253

출처 | 생활변화관측소, 4050여성 커뮤니티, 2016.01.01~2019.08.31

에서 나와 다른 다양한 삶이 존재한다는 것을 배우고, 나와 비슷한 삶을 살아낸 이들에게서 위로를 받는다.

"아, 이 강의 듣는데 눈물이 나요. 책임 때문에 나는 무엇도 하면 안 될 것 같고 그럼 못된 사람 될 것 같고 그랬던 것의 답을 오늘 들었습니다."
"결혼 25년차 27년 의류업⋯ 너무 공감하면서 재밌게 보고 있어요⋯ 50이 낼모레⋯ 이제 지쳐서 손놓고 싶다고 하는데 언니 강의 보면서 다시 시작해보는 거야!!!를 외치며 고고씽~~"

샐럽의 독려 속에 넬모레 50인 그들이 다시 공부를 시작했다. 자녀들을 공부시켜 대학에 보낸 후에도 4050여성들의 관심사에서 '공부'라는 키워드가 쉽게 내려오지 않는 이유는 다름 아닌 그들에게 배움에 대한 갈증이 남아 있기 때문 아닐까. 어쩌면 X세대 엄마들의 높은 교육열은 외환위기와 출산으로 직장 밖으로 내몰린 과거의 경험이 무엇이라도 배워야 한다는 강박관념을 낳았기 때문인지도 모른다. 자녀들에게 공부를 많이 시켜본 터라 공부하는 법은 대한민국에서 가장 잘 아는 그녀들은 인강 세대는 아니지만 인강 문화에 비교적 익숙하며, 특유의 친화력을 앞세워 같이 공부할 마음 맞는 친구를 적극적으로 찾기도 한다. 교육 콘텐츠와 의지를 주는 선생님, 그리고 실시간으로 함께 공부하는 친구들. TV대학은 없지만 유튜브 대학은 존재할 수 있는 이유다.

가족을 위해 희생하는 '마지막 엄마'

혼자서 여행도, 공부도 하며 당당히 주체적 삶을 찾고자 하는 X세대 엄마들, 그럼에도 그들이 마지막까지 버리지 못한 것이 있다면 그것은 바로 '엄마'라는 정체성일 것이다. 육아와 내 삶의 적정 밸런스를 찾고자 하는 밀레니얼 맘과 달리, X세대 엄마에게는 여전히 가족에 대한 희생정신이 남아 있다.

그러나 그 누가 주부에게 주방은 성전이라고 했던가. 가족들의 삼시 세끼를 책임지는 데 가장 많은 시간을 보내온 그들에게 이제 주방은 들어가기도 싫은 지긋지긋한 공간이 되었다.

"살림하기 싫어 미칠 거 같아요. 올해 나이 52 자식들 잘 키워놓았고 열심히 살았어요. 맞벌이 하며 아등바등 세끼 해먹이고 살림하며 살았네요. 그런데 갱년기인지 이삼년 전부터 살림, 특히 식사 준비가 너무 싫어요. 식사 준비 하려고 부엌에 있다 보면 화가 막 솟아요. 속이 부글부글 하며 울화가…ㅜㅜㅜ 이제 밥하기 너무 싫다. 밥 안 하고 싶다는 생각만 나네요. 아… 요즘 같아서는 남편이 밥 달라면 살의가 느껴져요ㅜㅜ 이런 증세도 나아지려나요?"

살림하기 싫다는 글은 4050여성 커뮤니티에서 가장 쉽게 찾아볼 수 있는 사연이다. 모순되게도 이런 글이 주로 올라오는 고민게시판 옆에는 새로 만든 반찬과 레시피를 공유하는 요리게시판이 예외 없이 존재한다. 고부갈등과 갱년기 스트레스로 시작된 그들의 고민은 결국 '그래서 오늘 반찬은 뭐 하지'로 끝을 맺는다. 그녀들은 친목과 재미를 위한 커뮤니티에서조차 엄마와 아내라는 정체성을 잊지 않는다. 온라인 공간에서도 그들은 자신의 역할과 의무를 끊임없이 환기하며 살아간다.

4050여성들에게 밥하는 것은 힘들고 싫어도 해야 하는 일이다. 반면 2030여성들에게 밥하는 일은 그저 귀찮은 행위이며, 그 귀찮음은 사먹거나 시켜 먹는 것으로 간단히 해결된다. 외식을 하거나

배달음식을 주문하는 것이 내 몸에는 미안할지언정 행위 자체에
큰 죄책감을 느끼지는 않는다. 그러나 4050여성들에게는 매일 밥
을 먹여야 할 식구가 있으므로 밥하는 일이 귀찮아지면 곤란하다.
자신만을 위해 만든 요리가 아니므로, 맛있다는 감상은 뒤로 밀리

〈2030여성 vs 4050여성 '밥하다' 연관 서술어 순위〉

	4050여성		2030여성
1	**힘들다**	1	**귀찮다**
2	넣다	2	맛있다
3	만들다	3	넣다
4	**먹이다**	4	힘들다
5	맛있다	5	**사다**
6	사다	6	만들다
7	해주다	7	먹고싶다
8	차리다	8	해주다
9	**싫다**	9	해먹다
10	해먹다	10	배고프다
11	귀찮다	11	나가다
12	좋아하다	12	좋아하다
13	안되다	13	싫다
14	나가다	14	**시키다**
15	**덥다**	15	차리다

출처 | 생활변화관측소, 여성 커뮤니티, 2016.01.01~2019.08.31

고 무엇을 넣어 만드는지가 더 중요해진다.

이와 관련해 한 가지 눈에 띄는 감성어가 있다. 2030여성에게서는 찾아볼 수 없는 '덥다'는 키워드다. 4050여성들만 덥게 만드는 것은 외부의 더위보다는 갱년기로 인해 올라오는 내부의 열일 가

〈2030여성 vs 4050여성 '집 안+공간' 언급 순위〉

	4050여성		2030여성
1	화장실	1	화장실
2	거실	2	거실
3	주방	3	주방
4	베란다	4	베란다
5	**안방**	5	**방안**
6	현관	6	복도
7	욕실	7	현관
8	방안	8	안방
9	복도	9	**파우더룸**
10	**아이방**	10	욕실
11	**방바닥**	11	**내방**
12	세탁실	12	침실
13	뒷베란다	13	방바닥
14	침실	14	드레스룸
15	드레스룸	15	샤워실

출처 | 생활변화관측소, 여성 커뮤니티, 2016.01.01~2019.08.31

변화하는 관계

능성이 높다. 가족을 위해 밥을 한 세월이 1~2년이 아니건만 유독 요즘 밥을 짓다가 울컥 화가 솟는 이유이기도 하다.

4050여성들에게 집은 휴식의 공간이라기보다는 엄마, 아내로서 자신의 역할을 다해야 하는 가사노동의 공간이다. 2030여성에게는 파우더룸, 드레스룸, 내 방 등 나를 꾸미거나 쉴 수 있는 공간이 있지만 4050여성은 집 안에 나만의 공간이 없다. 지긋지긋한 주방을 빠져나와도 치워야 할 아이방과 뒷베란다가 있으며, 닦아야 할 방바닥이 있을 뿐이다. 쉴 수 있는 곳이라고는 공용공간인 안방과 거실 정도다. 집에 마음놓고 쉴 수 있는 나만의 공간이 없는 한 그들은 가사일과 완벽히 단절될 수 없으며, 엄마라는 역할에서 한시도 벗어날 수 없다.

'아줌마'가 되기 이전에, 그들은 X세대였다

아이를 학교에 보내기 시작하는 나이부터 그 아이가 자라 아기를 안겨주기까지의 긴 시간 동안 여성은 사회에서 '아줌마'로 불린다. 멸칭에 가까운 이 말을 스스로도 사용한다. 자칭과 타칭이 같다는 것은 이 나이만의 독특한 특징이기도 하다. 2030여성이 스스로를 '아가씨'라 칭하는 경우는 드물지만 4050여성들은 모두 약속이라도 한 듯 '40대 후반 아줌마', '중학생 딸을 둔 아줌마'로 자신을 소개한다. 그들은 오랫동안 아내, 엄마, 아줌마라는 이름으로 불리며 자신의 이름을 잊고 살아왔다.

자신의 취향이 가족의 취향에 맞춰진 지 오래지만 그들도 원래 좋아하는 것이 있었다. 시어머니가 혼수로 사주신 꽃무늬 그릇은 다 내다버리고 비로소 자신이 좋아하는 것들로 집을 채우기 시작한 그들은, 이제 좀 더 적극적으로 자신의 취향을 탐색하기 시작할 것이다. 점차 튼튼한 것이 아니라 세련된 것, 유용한 것보다 아름다운 것을 찾을 것이며, 감성에 대한 가격을 기꺼이 지불할 것이다.

과거 그들은 X세대의 시작을 열었던 개성 있는 '신인류'였다. 그들은 그때의 젊음을 그리워한다. 그들이 원하는 것은 단순히 외적으로 젊어지는 것만이 아니다. 마땅히 누려야 했던, 그러나 현실에 치여 누리지 못했던 젊음을 되찾고 싶은 것이다. 이제 그들은 새로운 것에 대한 높은 수용력을 바탕으로 2030과 같은 세련된 라이프스타일을 즐기고, 경험에 투자하기 시작할 것이다.

현실에 적응하면서도 과거의 낭만을 잃지 않은 그들을 여전히 '아줌마'로만 본다면 그들의 변화를 결코 눈치 채지 못할 것이다. 그러나 그들은 분명 달라지고 있다. 가족 내 소비의 결정권을 쥐고 있는 엄마의 변화는 곧 가족의 변화를 의미한다. 우리가 엄마의 변화에 주목해야 하는 이유이기도 하다.

그녀들의 변화를 응원하라

4050여성들이 변하고 있다. 그동안 가족을 위하느라 소홀히 했던 자신을 챙기고, 주체적으로 무언가를 배우기 시작한 그들에게 구태여 엄마의 역할을 요구하지 말라. 가사일이라는 오래된 의무를 줄여주고, 새로운 도전을 적극적으로 응원하자.

그들이 간직해온 로망에 부응하라

천편일률적인 패키지 코스가 아닌 4050의 취향을 반영한 자유여행이 인기를 끌고 있다. 반드시 혼자 떠나는 것이 아니어도 괜찮다. 비슷한 관심사를 기반으로 모일 수 있는 '취향 중심'의 소규모 테마여행을 기획하는 것은 어떤가? 중요한 것은 가성비가 아니라 그들의 오랜 로망을 실현해줄 수 있는 한 번의 경험이다.

딸을 타기팅하고, 엄마의 지갑을 열어라

일상의 다양한 장면에서 모녀가 함께하는 장면이 늘어날 것이며, 강한 유대로 얽힌 이들의 관계는 일시적인 유행으로 끝나지 않을 것이다. 모녀여행, 모녀 데이트, 모녀 스냅 등 어떤 '모녀 ○○' 장면에 우리의 서비스가 들어갈 수 있을지 고민하자.

Part 3.
변화하는 소비

또 찾아?

Chapter 7.
취향을 (아직도) 찾습니다?!
김정구

트렌드 세계에서 영원히 사라지지 않을
스테디셀러 단어가 바로 '취향'이다.
그러나 단어는 같을지언정 함의는 매년 달라진다.
시간이 지나며 전문화, 세분화되는 취향은
이제 국민템과의 연합을 꿈꾸는가 하면
환금성 또한 갖게 되었다.

변명

매년 원고를 작성하기에 앞서 기존의 《트렌드 노트》 시리즈를 다시 한 번 읽어봅니다. 그렇기에 시리즈를 읽으셨던 분들이라면 '또 취향 얘기야?'라고 생각할지도 모른다는 점은 충분히 인지하고 있습니다. 기존의 시리즈는 물론이고 이번 《2020 트렌드 노트》의 다른 챕터에서도 중간중간 취향에 대한 이야기가 등장합니다. 어찌 보면 이번 책에서 가장 식상할 수도 있고, 결코 트렌디하지 않은 낡은 주제일 수도 있습니다. 그럼에도 한 번 더 취향에 대해 이야기해야 할 것 같습니다. 소셜미디어 상에서 '취향'이라는 단어가 몇 년째 지치지도 않고 등장하고 있기 때문입니다.

무덥고 습한 여름이면 원고 작업을 핑계로 사람 구경도 할 겸 집 근처의 24시간 카페를 찾곤 합니다. 의도치 않게 귀에 들어오는 사람들의 대화에서도 취향이라는 키워드가 자주 나옵니다. 그런데 키워드는 한결같아도 사용하는 맥락은 조금씩 달라지고 있음을 느낍니다. 소셜미디어 상에서도 취향에 대한 이야기에 변화가 포착됩니다. 그래서 올해는 한 챕터를 통째로 '취향'에 할애해봅니다.

취향, 언어의 스테디셀러

정치·사회적 이슈에 대해 자신의 목소리를 내는 데 주저하지 않는 시대다. 아울러 개인의 삶을 대할 때에도 '우리'에서 '나'로 중심이 옮겨져 자신의 정체성을 드러내는 데 주저하지 않는 시대이기도 하다. 유년시절부터 자신의 생각과 의견을 말하는 것이 중요하다고 배워온 밀레니얼 세대나 Z세대에게 이는 어쩌면 당연한 학습의 결과다.[1]

이들에게 자신을 드러내기 위한 수단이자 도구로서 사진과 영상 기반의 소셜미디어는 더없이 훌륭한 플랫폼이다. 또한 이들이 올리는 사진이나 영상에 붙게 되는 가장 단순하면서도 강력한 힘을 가진 언어 중 하나는 단연 '취향'이다. 마음에 드는 장소나 물건에 대해 '내 취향임'이라 말하고 쓰는 단편적인 행위가 하나둘 쌓이고 모이면 어느새 '나는 이러저러한 (취향을 가진) 사람이야'라고 자연스럽게 드러낼 수 있게 된다. 내가 좋아하는 가수, 좋아하는 스포츠팀, 좋아하는 영화, 좋아하는 브랜드, 좋아하는 스타일… 이것들이 모여 나의 취향이 되고, 나의 정체성이 된다.

'하고 싶은 마음이 생기는 방향 또는 그런 경향'이라고 표준국어대사전에서 취향을 정의하고 있지만, 사전적 의미와 달리 사람들

---

1) 밀레니얼 세대가 배운 초등학교 교과과정은 7차 교육과정에 해당하는데, 국어의 경우 말하기-듣기-쓰기, 일명 '말듣쓰'로 자신의 생각을 말하는 것에 중점을 두며 배워온 세대다. 그다음 세대인 Z세대도 마찬가지다.

은 취향을 사물이나 공간에 투영해 이야기한다. 사전적 의미가 다소 미래지향적이라면 현실 언어로서 '취향'은 화자가 지금 마주하는 순간지향성을 띠며 몇 년째 꾸준히 소셜미디어 상에 언급되는 언어(키워드)의 스테디셀러다. 지난 3년간 출간한 《트렌드 노트》 시리즈에서도 지금, 현재, 순간에 집중하는 사람들에 대해 지속적으로 이야기했기에 크게 놀랄 부분은 아니며, 대한민국을 관통하고 있는 시대정신이 여전히 유효하다는 점을 확인할 수 있다. 이는 '취향' 연관어로 '일상', '데일리' 등이 상위에 올라 있는 것으로도 확인할 수 있다.

'취향'이라는 언어를 사람들이 소셜미디어를 통해 본격적으로 말하고 쓰기 시작한 시점은 (10년이면 강산도 변한다지만) 그보다 더 먼 과거처럼 느껴지는 2010년이다.[2] 여기에 '존중'이라는 단어가 덧입혀진 것은 2013년부터다. 그 해에 《취향입니다 존중해주시죠》라는 소설이 출간되기도 했고, 이 소설을 읽었건 아니건 간에 이 제목이 하나의 유행어나 관용어구처럼 사람들에게 사용되기 시작했다. 그때는 자신의 취향을 이야기할 때 '제 취향입니다. 존중해주시죠'라며 존중이라는 언어를 일종의 방어기제화(化)하여 말했지만, 이제는 더 이상 그럴 필요가 없다.

오른쪽 도표에서 보이는 데이터의 결과만 놓고 보면 마치 존중이 취향과 (동시 사용 빈도 측면에서) 거리가 멀어지는 언어처럼 보인다.

---

2) 2010년 방영된 MBC 수목드라마 〈개인의 취향〉 인기와 함께 취향 붐이 시작되었다.

〈'취향+존중' 언급 추이〉

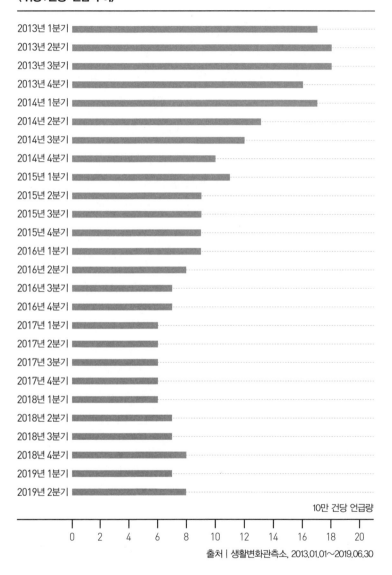

2013년 1분기	
2013년 2분기	
2013년 3분기	
2013년 4분기	
2014년 1분기	
2014년 2분기	
2014년 3분기	
2014년 4분기	
2015년 1분기	
2015년 2분기	
2015년 3분기	
2015년 4분기	
2016년 1분기	
2016년 2분기	
2016년 3분기	
2016년 4분기	
2017년 1분기	
2017년 2분기	
2017년 3분기	
2017년 4분기	
2018년 1분기	
2018년 2분기	
2018년 3분기	
2018년 4분기	
2019년 1분기	
2019년 2분기	

10만 건당 언급량

0 2 4 6 8 10 12 14 16 18 20

출처 | 생활변화관측소, 2013.01.01~2019.06.30

하지만 수치화되어 드러난 데이터 이면의 개별 텍스트들을 집중해 읽다 보면 사실 '존중'이라는 언어를 직접적으로 사용하지 않을 뿐 존중은 취향을 구성하는 보이지 않는 핵심 키워드로 여전히 작동하고 있음을 알 수 있다. 이를테면 취향 존중의 내면화다.

오늘날 사람들은 자기 취향을 드러내면서 굳이 남들 눈치를 볼 필요가 없음을 인지하기 시작했고, 마찬가지로 타인의 취향에 가타부타 번거롭게 의견을 개진하는 게 무의미할뿐더러 괜한 논쟁의 소지가 될 수 있음을 의식하게 되었다. 다시 말해 자신의 취향은 자신의 취향으로, 타인의 취향은 타인의 취향 그 자체로 받아들이고 인정하기 시작했다는 말이다. 물론 취향이라 할 수 없는 공통의 관심사나 사안들(갑질, 성희롱, 최저임금, 학교폭력 등)에 대해서는 과감히 싫다는 표현을 하며 자신의 또 다른 자아를 드러내면서 말이다. 사회 구성원으로서의 나와 일상생활 속의 나와의 구분은 이처럼 확실하다.

타인의 취향과 나의 취향 사이에 공통분모가 있다면 그저 '좋아요' 버튼을 누르면 되고, 공통분모가 없다면 조용히 '뒤로 가기' 버튼을 누르면 된다. 타인과의 취향 차이를 받아들이지 못해 태클을 걸거나 본인 취향을 강요했다가는 자칫 글쓴이와 키배(키보드 배틀)가 벌어지거나, 다른 이용자들에게 댓글을 통해 꼰대 취급받기 딱 좋다.

"시대가 어느 때인데 개인취향 존중을 안 해주신대요???;;; 꼰대라고!"

"왜 남들의 취향이 자신의 취향이랑 다르면 이상하다는 둥 태클을 거는 거임? 본인 취향 아니면 그냥 조용히 넘어가면 되지, 뭐 어쩌구저쩌구… 왜 꼰대짓을 하는지 ㅉㅉ"

이렇게 취향과 존중은 함께 쓰이지 않지만 여전히 함께 움직이고 있다. 120여 년 전, 러시아 작가인 안톤 체호프는 자신의 작품 〈갈매기〉에서 이미 오늘의 현상을 예측이라도 한 듯 다음과 같은 말을 했다.

"취향에 대해서는 좋게 말을 하거나 아니면 아무 말도 마세요."

자본과 디테일로 완성되는 나만의 취향템

열혈 게이머라면 이름만 들어도 설레는 의미로 출발했지만 이제는 일상 속에 자리잡은 언어인 '아이템'에 수식어 혹은 명사가 결합된 '○○템'이 점차 늘어나고 있다. 그중 하나인 '취향템'이라는 키워드도 더 이상 낯설지 않다. 이제는 자신의 취향을 드러내느라 배경지식 등을 구구절절 길게 적어내려갈 필요가 없다. 취향템 사진 한 장을 디테일이 살아 있는 설명 한 줄과 함께 업로드하는 것이 최고의 치트키다. 사진 한 장으로도 그것의 가치와 의미를 알아볼 수 있는 사람들은 다 알아본다. 취향을 알아보지 못한다면 그는 그저 나와 취향 코드가 맞지 않는 사람일 뿐이다.

대표적인 취향템으로 언급되는 것들은 옷(원피스, 셔츠, 티셔츠, 블라우스 등)이나 가방, 파우치, 향수, 신발 등 패션과 밀접한 아이템들인데, 해당 아이템들을 자세히 들여다보면 취향템이 공통적으로 가지고 있는 몇 가지 특징이 보인다.

1. 산다, 고로 완성된다

개인의 취향을 구성하고 완성해가는 핵심적 요소로 상당수의 사람들이 일정량의 자본 투여가 필요한 것, 즉 취향템을 이야기한다. 소셜미디어에 넘쳐나는 사진이나 짧은 동영상 인증만 봐도 취향템이나 공간(맛집, 카페에서 보이는 인테리어) 등에 대한 관심이 매우 높다는 것을 직관적으로 알 수 있다.[3]

잠시 독서를 멈추고 인스타그램에서 '#취향'을 검색해보라. 인기 게시글로 나오는 사진(콘텐츠)의 대부분이 아이템(취향템)이나 혹은 그것의 배경이 되는 카페나 맛집의 실내 인테리어에 포커스를 두었을 것이다. 혹여라도 이런 이미지들이 허세라고, 거짓 삶이라고 욕하지는 말자. 그들은 그 한 컷을 보여주기 위해 나름의 자본과 시간, 노력을 투자했다. 더욱이 이제는 (무언가) 있어 보이게 하기 위해 다양한 구도를 실험하고, 그중 최고의 한 장을 선별해 올리는 것도 능력으로 받아들여지는 시대다.

---

3) 이번 취향템 분석작업에서 아이돌 그룹 아이콘(iKON)의 〈취향저격〉은 데이터 왜곡이 우려되어 제외했다.

이미 가지고 있는 아이템들을 조화로이 활용해 취향을 드러낼 수도 있지만 그것만으로는 지속적으로 취향을 드러내기에 한계가 있다. 그러므로 구매행위가 필요하다. 새로 구입한 취향템은 1차적으로는 단일 아이템 사진으로, 2차적으로는 기존 아이템 혹은 공간과 조화를 이루는 사진으로 나의 취향을 드러내준다. 이 조화를 잘 이룰 수만 있다면 취향템 한 가지가 더해짐으로써 배가되는 영향력은 훨씬 커질 수 있다.

모든 취향템이 비싸야 하는 것도 아니다. 소소한 것 하나를 사더라도 내 취향이 반영돼 있으면 된다. 선택의 근거가 나의 취향이라면, 다이소에서 파는 1000원짜리 펜도 필기를 좋아하는 나의 취향에 부합하는 '부드럽게 잘 써지는 초저점도 취향템'으로 의미가 바뀐다.

남다른 취향을 가졌거나 취향의 영역이 다양하다고 생각되는 지인이나 셀럽(인플루언서)의 인스타그램 계정 하나를 택해 찬찬히 들여다보자. 샤넬 클래식백에 1960년대 히피 문화의 영향을 받은 와이드한 데님과 스니커가 매치된 데일리룩을 보며 그가 클래식한 패션 취향을 가지고 있음을 알 수 있고, 어떤 날은 빈티지한 스칸디나비안 스타일의 원목 테이블에 놓인 커피 한잔 사진을 통해 빈티지한 인테리어 취향이 있음을 알 수 있다. 동일인물이지만 우리는 그가 다양한 취향을 가진 복합적인 사람임을 인지한다. 취향 부자인 그가 자신의 취향을 완성하기 위해 고심 끝에 취향템을 구입하고, 수고로이 그것을 보여줄 수 있는 공간에 가서 찍는 노력을 했음은 두말할 필요도 없다.

취향은 하루아침에 만들어지지 않는다. 꾸준히 남들의 취향을 보고, 체득해서, 나의 취향을 찾은 후, 꾸준히 사고, 가고, 마시고, 먹으며 다듬어야 한다. 일반적으로 취향은 순간의 경험이 쌓이고, 체득되고, 정제되는 과정을 거치며 완성된다. 하지만 독서나 연륜으로 경험을 쌓아 취향을 완성하려면 시간이 너무 오래 걸린다. 나의 취향을 남들이 알아주고 인정해주기 바란다면 취향템을 사고, 취향 공간에 가서 인증하는 것이 가장 빠른 길이다. 비록 경험의 깊이가 얕더라도 폭이 넓을수록 자신의 취향을 찾게 될 확률이 높고 취향의 영역도 다양해진다. 다행히 오늘날은 즉시, 다양한 분야에서, 직·간접적 경험을 할 수 있는 방법과 채널이 넘쳐난다.

2. 언어에 디테일을 더한다

취향템의 두 번째 조건은 심플하면서도 이를 함축할 수 있는 굉장히 디테일한 언어가 요구된다는 것이다. 기초적인 예를 들자면, 커피 한잔을 마시더라도 아무나 쉽게 가서 마실 수 있는 '스타벅스에서 커피 한잔'이 아니라 '을지로 호랑이 카페에서 파는 호랑이 라떼'라든가 하는 식이다.

그들이 살아온 시대가 시대이니만큼 상대적으로 취향이라는 차원이 결핍된 시니어들에게조차 문턱이 개방된 국민 카페 스타벅스에서 커피 한잔 마셨다는 얘기는 단지 팩트(fact)일 뿐이다. 아니면 그 상황이 즐거웠다든지 재미가 없었다든지를 기술한 일상의 단편에 그친다.

하지만 최근 핫하고 힙한 장소로 위상이 올라가고 있는 을지로(동네)에 있는 호랑이 카페(공간)의 빈티지한 인테리어와 그곳에서만 마실 수 있는 호랑이 라떼(취향템)라면 빈티지한 공간과 감성을 좋아하는 나의 취향을 온전히 드러낼 수 있다. 누구에게는 라떼가 그저 에스프레소에 우유가 첨가된 음료이지만, 다른 누구에게는 ○○○ 라떼 한잔으로도 취향을 드러낼 수 있는 것이다. 이 점을 인식해서인지 스타벅스의 라떼도 대략 6종류로 세분화돼 디테일한 이름을 붙여 판매 중이며, 수시로 시즌 한정 메뉴가 출시되는 터라 라떼 한잔 주문하는 데에도 시간이 걸린다. 스타벅스의 라떼는 팩트이자 일반적인 아이템이지만 2019년 스타벅스 시즌 한정 아이스 돌체 라떼는 취향템일 수 있다.

여담으로 과거 조선시대에는 1450여 종의 쌀이 재배되었고, 그 쌀로 만든 밥과 막걸리를 파는 주막은 10리에 하나씩 전국에 무려 12만여 개나 있었다고 한다. 스타벅스 전국 매장 수가 약 1200개라는 점을 고려하면 실로 놀라운 수치다. 더욱 흥미로운 사실은 12만 개의 주막에서 파는 밥과 막걸리 맛이 다 달랐다는 점이다.[4] 조선시대에 취향이라는 개념이 있었을까 싶지만 우리의 선조들 중에도 자신이 좋아하는 밥과 막걸리 맛을 찾아 떠돌던 조선의 힙스터가 존재하지 않았을까 생각해본다. 또는 머지않은 미래에 한국에도 일

---

4) 2018년 SBS 예능 〈폼나게 먹자〉에서 발췌.

〈일반템 vs 취향템 구분법〉

일반템	취향템
라떼	케냐AA 원두를 사용한 아이스 바닐라 콜드브루 라떼
꽃 혹은 꽃다발	플라워 혹은 드라이플라워
원피스	플라워 프린팅된 린넨 소재의 플레어 원피스
청바지	와이드 커팅 진(데님)
신발	데일리 슈즈 혹은 한정판 사카이×나이키 LD와플 슈즈
조명	루이스폴센 PH5 혹은 루이스폴센 PH5 st(스타일)
정장	이태리산 제냐 원단으로 ○○테일러에서 가봉한 핀스트라이프 비스포크 수트
피규어 혹은 프라모델	마스터그레이드(MG) 퍼스트건담 건프라 엑스포 한정판
1인용 소파	패브릭 소재와 천연 밤나무 소재의 원목이 어우러진 리클라이너
침대	버락 오바마 대통령이 사용했다는 스턴스앤포스터 매트리스

본처럼 손님이 선택한 쌀로 밥을 지어 판매하는 식당이 등장하지 않을까 하는 생각도 해본다.

취향템을 부르는 나의 언어가 디테일하면 할수록 나는 굉장히 디테일한 취향을 가진 사람이 된다. 몇 천 원짜리 물건을 사더라도 디테일한 수식어가 사용되면 나의 취향으로 해석될 수 있다. 그것이 하나둘 쌓이면 나의 취향도 그만큼 스펙트럼이 넓어지고 나에 대해 이야기할 거리도 많아진다.

"당신의 취향템을
(짧지만 디테일하게) 말해주세요,
저는 알아볼 수 있답니다."

변화하는소비

셀럽이 주도하는 취향의 롱테일 법칙

취향템으로 언급되는 제품의 구성을 살펴보면 해마다 조금씩 변화가 보인다. 2016년 취향템 100위 가운데 상위 14개가 전체의 50%를 차지했는데, 2019년에는 17개가 50%를 점유해 개수가 늘어났다. 이 데이터를 보며 가장 먼저 드는 생각은 취향템이 점차 작게 쪼개지며 파편화되고 있다는 것일 터다. 그러나 내면을 자세히 들여다보면 조금 다른 맥락이 읽힌다. 취향템이 다양화되며 외연이 확장되고 있다는 것이다. 즉 1이었던 개인 취향의 영역이 0.3이나 0.2로 쪼개지는 것이 아니라 1.5나 2로 확장되는 것이다.

이는 사람들이 소유를 늘리기는 쉬워도 줄이기는 어려운 것과 유사한 이치다. 여기에 마케터의 시각에서 덧붙이자면 오랜 기간 대중적인 마케팅 기법으로 인식되던 파레토 법칙(Pareto's principle)[5]에서 롱테일 법칙(long tail principle)[6]으로 넘어가고 있음을 취향템을 통해 다시 확인할 수 있다.

한편 취향템 목록을 살펴보면 의류나 잡화 및 액세서리에 관한 언급이 여전히 상위권이기는 하지만 그 비중이 서서히 감소하고 있

---

5) '80대 20 법칙(80/20 rule)' 또는 '2대 8 법칙'으로도 불린다. 20%의 베스트셀러 또는 블록버스터 상품이 전체 매출액의 80%를 차지한다는 이론으로, 히트 상품을 중심으로 한 전통적인 마케팅 전략을 지원하는 기반이 되었다. (출처 : 네이버 지식백과)

6) 파레토 법칙의 상대적 개념으로, 80%의 '사소한 다수'가 20%의 베스트셀러보다 뛰어난 가치를 창출한다는 이론이다. 크리스 앤더슨(Chris Anderson)은 인터넷 상거래에서 단기적으로 적게 팔리는 제품도 장기적으로는 매출에 기여하는 현상을 발견하고 〈와이어드(Wired)〉지에 기고한 글에서 처음으로 롱테일(long tail)이라는 용어를 사용했다. (출처 : 네이버 지식백과)

〈'취향템' 언급 순위〉

	2016년			2017년			2018년			2019년(~8월)	
1	옷	10.4%	1	옷	9.0%	1	옷	8.5%	1	옷	6.8%
2	원피스	6.5%	2	가방	5.6%	2	가방	6.7%	2	원피스	5.2%
3	가방	5.3%	3	원피스	5.4%	3	원피스	4.6%	3	가방	4.0%
4	셔츠	3.3%	4	귀걸이	5.2%	4	귀걸이	4.3%	4	향수	3.4%
5	신발	3.2%	5	셔츠	2.9%	5	셔츠	2.5%	5	파우치	3.3%
6	꽃	2.9%	6	꽃	2.8%	6	신발	2.3%	6	책	3.2%
7	티셔츠	2.5%	7	신발	2.6%	7	꽃	2.3%	7	신발	3.1%
8	스커트	2.5%	8	스커트	2.5%	8	가구	2.2%	8	귀걸이	3.1%
9	니트	2.4%	9	티셔츠	2.4%	9	책	2.1%	9	꽃	2.5%
10	코트	2.3%	10	이어링	2.4%	10	모자	1.9%	10	가구	2.4%
11	선글라스	2.1%	11	코트	2.3%	11	스커트	1.9%	11	조명	2.3%
12	귀걸이	2.0%	12	니트	2.2%	12	파우치	1.9%	12	셔츠	2.3%
13	지갑	2.0%	13	가구	1.9%	13	조명	1.9%	13	반지	2.2%
14	가구	1.9%	14	조명	1.8%	14	향수	1.7%	14	그림	2.1%
15	청바지	1.7%	15	인형	1.7%	15	티셔츠	1.6%	15	드레스	1.8%
16	조명	1.7%	16	블라우스	1.7%	16	코트	1.6%	16	립스틱	1.5%
17	파우치	1.7%	17	향수	1.5%	17	블라우스	1.6%	17	티셔츠	1.3%
18	반지	1.6%	18	지갑	1.5%	18	그림	1.5%	18	악세서리	1.3%
19	휴대폰케이스	1.6%	19	립스틱	1.4%	19	지갑	1.5%	19	인테리어소품	1.2%
20	향수	1.5%	20	그림	1.4%	20	인형	1.3%	20	블라우스	1.2%

출처 | 생활변화관측소, 2016.01.01~2019.08.31(식음료 제외)

음을 알 수 있다. 아울러 조명이나 가구 등 인테리어(공간) 관련 아이템에 개인의 취향이 더해지는 것이 보인다. 최근 4년간 라이프스타일 키워드의 언급량과 언급 비중이 모두 높아졌는데, 그중에서도 공간의 중요성이 커지고 있음을 이 데이터에서도 확인할 수 있다.

2장에서 자세히 다루었듯이, 최근 인테리어 연관 고려요인 중 언급량과 증가폭이 동시에 높은 요인은 단연 취향이다. 인테리어는 다양한 공간 경험을 기반으로 자신의 취향을 드러내는 최적의 포토존 공간을 창출하는 작업이다. 이때 아이템(취향템) 하나만 구입하는 것은 최소 비용으로 최대 효과를 누릴 수 있다는 점에서 셀프 인테리어나 업체를 통한 인테리어보다 손쉽다.

이렇듯 취향템은 자신의 몸을 감싸는 패션에서 자신만의 공간으로 확장되고 있다. 패션 아이템에서 인테리어 소품으로 취향이 옮겨간 것이 아니라, 개인의 취향 영역이 인테리어 소품까지 확장된 것이다.

취향의 외연이 확장되는 데 영향을 주는 요인으로 인플루언서(셀럽)를 꼽지 않을 수 없다. 트렌드세터, 인플루언서, 셀럽 등 다양한 이름으로 불리는 이들은 일상을 타인과 공유하며 자의건 타의건 해당 타이틀을 얻었다. 오늘날 일상을 공유하는 행위는 곧 취향을 전파하는 것이기도 하다. 취향은 개인의 자산이자 지식으로서 레벨에 따라 심화되는 반면, 트렌드는 다수가 궁금해하는 것이자 정보로서 유행에 따라 변화한다. 즉 개인에서 시작했지만 다수의 공감을 얻은 취향은 트렌드로 성장하고, 취향 레벨이 높은 사람은 트렌드세터 혹은 힙스터가 된다.

그들의 개인 계정을 들여다보면 취향(템) 중심의 삶을 엿볼 수 있다. 고급진(한정판) 아이템을 통해 고급스러운 취향을, 식사 한 끼에서는 유기농 선호 취향을, 여행 사진을 통해 잘 알려지지 않은 여행지를 찾는 그들의 취향을 보고 배운다. 나 또한 10여 년 전에는 신혼집을 꾸미며 기존 몰딩에 (오늘날 사람들이 공통적으로 치를 떠는) 체리 컬러를 덧입히며 행복해했지만, 핫플레이스로 불리는 한남동 사무실에서 근무하며 눈높이가 높아진 결과 지금 우리 집은 화이트 톤 몰딩과 미니멀한 인테리어로 변화되었다.

이렇듯 취향 습득은 너무 쉽다. 다양한 분야의 다양한 취향(템)을 보고 배울 수 있는 정보채널에 접근하기가 너무 쉽기 때문이다. 한두 번의 손가락 터치만으로 언제 어디서든 취향을 쉽게 경험하고 배울 수 있으며, 그만큼 우리의 취향은 다방면으로 확장되고 눈높이도 높아진다.

취향템은 국민템과 함께 간다

차츰 눈높이가 높아지기 마련인 취향템의 대척점에 있는 '템' 중에 국민템(혹은 필수템)이 있다. 흥미로운 점은 취향템과 함께 국민템(필수템)에 대한 관심도 지속적으로 증가하고 있다는 사실이다. 사람들(혹은 미디어)은 주기적으로 '10대 화장품 필수템 Top 10',

'여름철 가성비 필수템 Top 5', '국민템 ○○ 리뷰' 등의 정보를 생산하고 공유한다. 모두가 저마다 세분화된 취향을 가진 것처럼 보이는 오늘날, 이 같은 무취향화(無趣向化) 현상은 취향시대에 역행하는 것일까?

취향에 민감한 20대들은 왜 올리브영에서 절찬리에 판매 중인 국민 미스트 바디판타지를 사용할까? 점심식사 후, 혹은 공강시간 후에 친구들에게서 유사한 향기가 나는 현상을 어떻게 받아들일 것인가? 또 최근 한국에서 10만 대 판매를 달성한 메르세데스-벤츠 사의 프리미엄 세단 E-Class의 사례는 어떻게 받아들여야 할까? 6000만~7000만 원에 달하는 가격의 E-Class는 취향템인가, 국민템인가? 초창기에는 경제력이 뒷받침된 소수 계층에서 소비되던 취향템 혹은 허세템에 가까웠지만 지금의 E-Class는 전문직 고소득 맞벌이를 대표하는 이미지로 확장되었고, 이제는 스스로 카푸어의 길을 선택한 이들에게 낙점을 받고 있다.[7] 한국에서 가장 많이 판매되는 수입차로서, 이제 E-Class는 국민템에 조금씩 가까워지고 있다.

서로 대척점에 있는 듯한 취향템과 국민템에 대한 관심이 동시에 증가한다는 것은 어떤 의미일까?

이에 대한 해답을 다음의 두 가지 사례로 살펴보자.

---

7) 다음소프트 분석. 김도형, "국내서 10만대 팔린 벤츠 E클래스는 '고소득 맞벌이 부부 차'", 동아일보, 2019.8.5.

〈'국민템', '필수템' 언급 추이〉

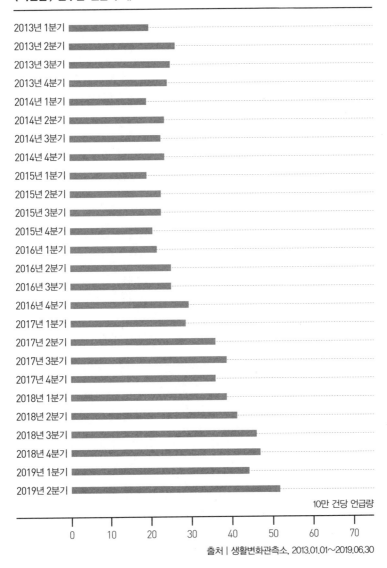

2013년 1분기	
2013년 2분기	
2013년 3분기	
2013년 4분기	
2014년 1분기	
2014년 2분기	
2014년 3분기	
2014년 4분기	
2015년 1분기	
2015년 2분기	
2015년 3분기	
2015년 4분기	
2016년 1분기	
2016년 2분기	
2016년 3분기	
2016년 4분기	
2017년 1분기	
2017년 2분기	
2017년 3분기	
2017년 4분기	
2018년 1분기	
2018년 2분기	
2018년 3분기	
2018년 4분기	
2019년 1분기	
2019년 2분기	

10만 건당 언급량

0 10 20 30 40 50 60 70

출처 | 생활변화관측소, 2013.01.01~2019.06.30

변화하는 소비

사례 1. 10년 넘게 직장생활을 하며 허투루 돈 안 쓰고 열심히 재테크해 그토록 바라던 완전한 독립을 하게 된 37세의 A씨. 비록 전세이긴 하지만 수도권의 조그만 아파트로 이사하며 그녀가 가장 먼저 구입한 것은 단골 카페에서 처음 본 후 완전히 반해버린 루이스폴센 PH5 조명이다. 애초에 비싼 제품이라 최대한 저렴하게 득(得)하기 위해 루이스폴센 직구 사이트로 유명한 네스트(www.nest.co.uk)에서 관세와 배송비 포함 80여 만 원을 주고 샀다. 조명 하나에 적지 않은 금액을 투자했지만 A씨의 로망템이자 취향저격 아이템이었기에 이것만은 오리지널을 구입하고 싶었고, 국내 오프라인 가격이 135만 원임을 감안하면 오히려 저렴하게 산 것 같아 뿌듯하다. 대신 다른 부분에서 비용을 아끼고자 식탁, 테이블, 소파 등은 자취생들의 국민템인 이케아 제품으로 구입했고, 배송비도 아까워서 쏘카로 직접 싣고 와서 친구와 함께 설치했다.

사례 2. 비록 금수저로 태어나지는 못했지만 부모님의 경제적 도움 덕에 학자금 대출 없이 대학교를 다니고 있는 25세의 B씨. 어느 날 즐겨 찾는 스니커즈 커뮤니티에 나이키와 일본 디자이너 브랜드 사카이(Sakai)가 콜라보한 한정판 사카이×나이키 LD와플슈즈가 곧 발매될 것이라는 소식을 듣고, 그 길로 그 힘들다는 택배 상하차 알바를 일주일간 하며 자금을 마련했다. 그러나 공식 홈페이지를 통한 드로우는 탈락. 하지만 그의 취향을 저격한 클래식하고도 아방가르드한 신발의 아름다운 자태가 머릿속에서 떠나지 않는다. 결국 10여 만 원의 웃돈을 주고 리셀러를 통해 구입한 후, 유명

SPA 브랜드 세일 기간에 2만 원 정도에 득템한 청바지와 함께 완성한 데일리룩을 인스타그램에 올리니 평상시보다 좋아요 수가 3배 이상 늘었다. 부럽다, 축하한다는 댓글들을 보며 기분이 좋아졌다.

　이 두 사례에는 공통점이 있다. 취향템과 국민템을 구입하는 사람이 다른 인물이 아니라 동일인물이라는 것이다. A씨의 취향템인 루이스폴센 조명이 비추는 테이블과 소파는 국민템인 이케아 제품이며, B씨의 취향템인 나이키 한정판 스니커와 함께 코디된 청바지는 국민 SPA 브랜드 제품이다. 취향템과 국민템의 믹스앤매치를 통해 사람들이 확고한 취향을 가진 동시에 갖지 않았음을 보여준다.

　취향 부자가 되어가는 개인의 모순성(?)을 국민템만큼이나 잘 보여주는 것은 바로 핫플레이스다. 개인의 취향은 다양해지는데 왜 다수가 선호하는 핫플레이스에 대한 관심은 증가할까?

　'핫하다'는 표현은 2014년부터 장소(카페, 맛집)를 표현하는 언어로 사용되기 시작했다. '핫플레이스' 또한 이 시점부터 언급이 늘어나 지금도 엄청난 증가세가 이어지고 있다. 소셜미디어 상에서 이렇게 언급 추이가 급격히 증가하는 언어(키워드)는 드물다는 점에서 핫플레이스라는 언어의 힘을 다시 느낀다.

　흥미로운 사실은 대한민국 소셜미디어 역사에서 2014년은 기존의 대세 SNS 플랫폼이었던 페이스북에 대한 관심(이용) 하락세와 인스타그램에 대한 관심(이용) 증가세가 맞물린 시점이기도 하다는 것이다. 이는 사회학적으로도, 개인 미디어 이용 역사 측면에서도

<'핫플레이스' 언급 추이>

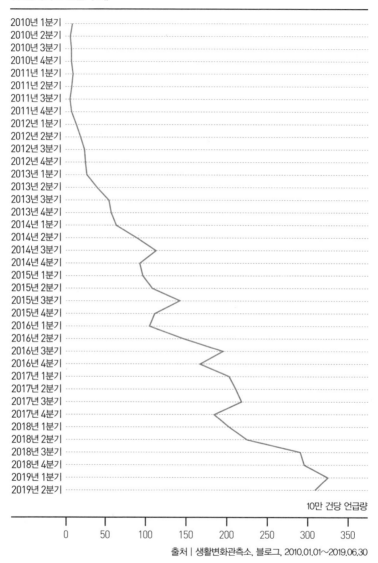

10만 건당 언급량

0   50   100   150   200   250   300   350

출처 | 생활변화관측소, 블로그, 2010.01.01~2019.06.30

중요한 의미를 지닌다. 상대적으로 폐쇄적인 페이스북에 비해 개방된(느슨한) 속성을 지닌 인스타그램은 개인의 취향을 드러내기가 훨씬 쉽기에 개인 취향 채널로 확고하게 자리잡을 수 있었다. 이와 비슷하게 2018년에 카카오톡 사용시간을 추월한 유튜브 열풍도 취향의 영향을 적잖이 받았다고 볼 수 있다. N가지 개인 취향에 적합한 채널을 찾고 구독하며 크리에이터의 취향에 공감하고 배울 수 있는 오픈된 채널이라는 점에서 그러하다.

이토록 사람들을 끌어모으는 매력을 지닌 핫플레이스는 어떤 곳인가? 유명인 또는 소수 인플루언서들이 본인 취향에 맞는 동네를 찾아 소개하고, 입소문을 타고 트렌드에 민감한 팔로워들이 뒤따라 찾게 되고, 마지막으로 평범한 보통 사람들까지 한 번쯤 찾는다는 공식이 있는 곳이다. 핫플레이스라는 거창한 타이틀을 달게 된 동네나 지역에는 그곳 특유의 분위기와 감성이 있으며, 그 감성이 사람들을 불러 모은다. 그리고 마치 동네 혹은 지역들이 살아서 경쟁하듯 매년 순위 바뀜이 일어난다. 2015년에 주목받았던 경리단길은 더 이상 핫플레이스가 아니다. 지금은 을지로가 가장 주목받는 핫플레이스로 떠올랐다.

핫플레이스의 조건이라거나 장소가 뜨고 지는 이유는 1장에서 살펴보았으므로 여기서는 생략하자. 여기서 주목할 부분은 다른 측면이다. 초기에는 특유의 감성으로 사람들을 불러모았던 핫플레이스도 시간이 지나면 기대보다 실망스러웠다는 말을 듣곤 한다. 그럼에도 사람들은 호기심 때문에, 혹은 한 번은 가봐야 할 것 같은 의무감(?)에 그곳을 찾는다. 모두가 취향을 가진 것처럼 보이고, 개인 취향의 영역도 확장되고 있는데 왜 굳이 핫플레이스에 가야만 할까? 본인의 취향이 확고하다면 트렌드에 휩쓸리기보다 자신의 취향 플레이스에 가는 것이 맞지 않은가? 핫플레이스 현상이 일어나지 않는 것이 자연스럽지 않을까?

하지만 데이터는 그렇게 말하지 않는다. 취향템을 찾는 사람과 국민템을 찾는 사람이 다르지 않은 것처럼, 핫플레이스를 가는 사람이나 취향템을 찾는 사람이나 다른 사람이 아님을 우리는 이미 알고 있다. 이처럼 개인이 보여주는 다양한 모순성(?)이 있기에 일상의 이야기가 더 풍요로워질 수 있는 것 아닐까?

소셜미디어에 나타나는 취향(템) 추구, 핫플레이스에 대한 열광, 국민템(필수템) 소비는 지금 한국에서 순차적이 아니라 동시에 일어나는 현상이다. 이 말은 곧 세그먼트(집단)로 고객을 나누어 바라보던 전통적인 시각에서 탈피할 시점이 되었다는 의미이기도 하다. 소비자들(고객)이 특정 기준으로 나눌 수 있는 집단이기 이전에 다양한 특성을 가진 한 명의 개인임을 염두에 두자.

다양해지고 넓어지는 취향에 어떻게 부응해야 할지 머리를 싸매고 있는 기업과 마케터라면 이 사실이 위기이자 기회가 될 것이다. 국내외 내로라하는 유명 브랜드들이 산업의 경계를 넘나들며 콜라보레이션에 적극적인 이유가 여기에 있는지도 모른다. 친구와 함께 가는 여행이 혼자 가는 여행보다 즐거울 수도 있지 않은가. 개인들이 그러하듯이, 기업도 기본 아이템을 기반으로 한 변주가 적극적으로 필요한 시점이다.

단, 이것이 너도나도 콜라보레이션을 하니 당신도 하라는 부추김은 아니다. 어릴 적부터 부모님께 귀에 못이 박이게 들었던 말처럼, 친구를 잘 사귀어야 한다. 내 브랜드의 친구가 누구일지 먼저 파악하라는 것이다. 잘못 사귄 친구보다는 차라리 혼자가 좋을 수도 있다.

"취향템과 국민템을 동시에 가지고 있는
나는 세상에 단 한 사람입니다."

내 브랜드의 친구를 찾자

취향의 외연(영역)이 확장됨에 따라 취향 부자들이 늘고 있다. 이종(異種) 산업군에서 내 브랜드의 친구가 누구일지 고민해보자. 내 브랜드가 아직 누군가의 취향은 아니더라도 내 브랜드의 친구가 그의 취향일 수 있다.

취향템과 국민템을 넘나드는 변주를 시도하자

개인은 취향템과 국민템을 함께 소비하는 모순성을 보인다. 내 브랜드/제품이 어느 영역에 속하는지 우선 파악한 후에 변주를 고려하자. 변주를 통해 각각의 영역을 넘나드는 제품이나 서비스가 탄생할 가능성은 충분하다.

홀에 사람 꽉 찬 거 봐.
한국경제 어려운 거 맞아?

Chapter 8.
치약계에 샤넬이 존재하는 이유
염한결

내집마련이 불가능한 시대에 대한 반발일까,
사람들은 점점 가격에 둔감해지는 듯하다.
어차피 부자가 될 수는 없으니 지금 내가 편한 서비스,
지금 내가 감당할 수 있는 사치를 소비한다.
2000만 원짜리 명품백은 못 사도
2만 원짜리 명품치약은 지르는 소비자를 향해
'중간만 하자'는 생각은 버려야 한다.

"과도한 업무에 지쳐 힘든 하루하루를 보내다가 이러다가는 진짜 죽겠구나 싶기도 하고 아이한테도 너무 미안해서 이날만큼은 제대로 호캉스를 누려보기로 했습니당 채비를 하고 신라호텔 명소라는 어반아일랜드 수영장에서 잠깐의 여유를 즐겼어요. 그런데 생각보다 사람들이 진짜 많아서 깜짝 놀랐어요. 심지어 테이블마다 그 비싸다는 4만 5천 원짜리 치킨이 놓여 있고;; 우리집은 진짜 큰맘 먹고 왔는데 여기 와보니 한국에 부자들이 참 많다라는 것을 느꼈어요."

"시댁 어머님 생신이라 특별히 좋은 음식 대접하고 싶어서 검색하다 보니 청담에 있는 고깃집이 유명하다고 해서 예약하려고 하니 이미 좋은 자리는 없다고 하더라고요. 얼마나 맛있길래 그러나 싶어 기대하는 마음으로 방문하였는데 진짜 발렛 맡기는 데도 시간이 걸리더라고요. 근데 막상 먹어보니 비싼 만큼 맛있긴 하더라고요. 어머님도 드시면서 만족하시면서도 홀에 사람 꽉 찬 거 보시면서 한국 경제 어려운 거 맞냐고 하시더라고요. 여하튼 자주는 아니더라도 가끔 와서 먹어야겠어요."

미디어에서 지겨울 정도로 자주 다루는 기사 중 하나는 한국 소비시장의 지속적인 침체에 관한 것이다. 한산한 시장, 줄줄이 폐업하는 자영업자들의 고통을 조명하는 기사가 하루가 멀다 하고 나오고 있다. 하지만 아이러니하게도 페이스북이나 인스타그램에 들어가 보면 지인들이 올린 고급 레스토랑, 고가의 브랜드 제품 쇼핑과 관련된 포스트가 넘쳐난다. 또 휴가철만 되면 올라오는 해외여행 사진들을 보면 친구들은 하나같이 유명 리조트에서 여유롭게 선베드에 누워 있다. 미디어와는 너무 동떨어져 도대체 어느 쪽이 우리 사회의 진실인지 헷갈리기 시작한다.

핫플레이스에 가보면 인기 있는 맛집은 손님들로 인산인해를 이루고 있다. 어렵사리 테이블을 차지해 메뉴를 보면 이번에는 높은 가격대에 흠칫 놀라게 된다. 그러고는 매장에 가득 찬 손님들을 보며 '한국 사람들 잘사는구나'라는 생각을 한다. '평범한 서민'이라 생각하는 자기 자신도 그곳에 앉아 있으면서 말이다.

비싼 맛집에 가고 호캉스를 즐기는 사람, 1년에 몇 차례씩 해외여행을 떠나는 사람들은 모두 부자일까? 그렇지는 않을 것이다. 앞의 인용문에서 보이듯, 평범한 직장인도 가끔은 호캉스를 즐기고 맛집에 간다. 이들이 비싼 소비를 하는 것은 소비에 대한 사람들의 가치관이 달라지고 있음을 보여준다. 한국사회의 소비가 어떻게 변화하고 있는지 지금부터 살펴보자.

가성비 시대의 종말?

과거에 소비자들의 구매요인을 결정하는 절대적인 요소는 '가격'이었다. 치약을 사려는데 브랜드가 두 가지라면 그중 더 저렴한 것이 선택되었다. 비단 생필품 소비만이 아니라 여가생활에서도 마찬가지여서, 여름휴가 장소를 고를 때 이왕이면 돈을 덜 쓰는 쪽으로 선택했다. 하지만 지금은 그렇지 않다. 이러한 소비 가치관의 변화는 앞으로도 계속될 것이며, 특히 서비스업에서 더욱 두드러질 것이다.

가격을 덜 따지게 된 사람들은 무엇을 고려할까? '시간'이다. 시간의 가치가 커지고 있다. 매일매일 주어지는 24시간의 가치가 모두 커졌다는 의미는 아니다. 내게 특별한 시간, 의미 있는 시간에는 돈을 아끼지 않겠다는 것이다. 예컨대 휴가라는 귀하고도 귀한 시간을 한두 푼 아끼느라 대충 즐기고 싶지 않다는 것이다. 기껏 온가족이 해외여행을 가서 식비를 아끼고자 한국에서 이고 지고 온 컵라면으로 끼니를 때우는 것이 싫고, 입장료가 아까워 아이들만 들여보내고 부모 한 명은 주변 카페에서 기다리는 것이 싫다는 것이다. 그보다는 이왕 간 김에 그때만큼은 돈 생각하지 않고 최대한 즐기는 것이 더 현명한 소비라고 판단한다.

구매결정에서 가격의 중요성이 낮아진 또 하나의 이유는, 역설적으로 내가 부자가 될 가망이 없기 때문이다. 한국사회의 절대다수가 한두 푼 아껴서는 결코 부자가 될 수 없다는 것을 깨닫기 시작했

내 시간의 가치를 높여준다면
가격은 더 이상 문제가 아니다.

변화하는 소비

다. 과거 부모 세대는 콩나물 값 100원 아껴서 자식들 대학 보내고 결혼도 시켰다고 하지만, 오늘날에는 콩나물 값 아껴서 부자가 될 수 없다. 서울의 집값 상승세는 멈출 줄을 모르고, 아이는 낳는 것 자체가 경제적 부담이다. 2019년 서울의 아파트 실거래가는 평균 7억 5000만 원이었다. 한 달에 100만 원씩 저금한다 해도 60년 이상 모아야 살 수 있다. 강남은 더해서, 강남의 유명 아파트를 사려면 조선시대부터 돈을 모았어도 불가능하다.

조상님이 원래 돈이 많았던 게 아닌 이상 자력으로 돈을 모아 성공하기란 매우 어려운 미션이 되었다. 이에 따라 평생 갖은 고생을 다해 집 한 채 사고 죽을 바에야 현재를 즐기겠다는 사람들이 늘고 있다. 서른 살부터 매달 100만 원씩 모아 아흔 살에 집을 살 바에는 그 돈을 나와 가족을 위해 쓰고, 또는 몇 달 모아 근사한 여행을 떠난다. 미래보다는 현재가 행복한 것이 더 낫다고 생각한다.

이왕이면 얼마까지 쓸 수 있을까?

요즘 서울 곳곳에서 '타다' 로고를 달고 다니는 승합차를 볼 수 있다. 택시 기사들이 타다에 반발하여 대대적인 시위에 나서기도 했지만 소비자들의 반응은 그들과 정반대였다. 소비자들은 택시의 불친절함과 서비스 질 저하를 성토하며 타다 서비스를 더 많이 이용하기 시작했다. 그 결과 타다는 택시보다 비싼 요금에도 불구하고 출시 9개월 만에 100만 회원을 모았고, 이용 건수 또한 2019년 8월 기준으로 출시 직후 대비 1600%나 증가했다.

무엇이 타다의 성공을 가능케 했을까? 사람들이 택시를 타는 가장 큰 이유 하나는 편안함 때문이다. 저렴하고 시스템도 잘 갖춰져 있는 대중교통을 이용하지 않고 비싼 가격을 지불하며 택시를 타는 이유는 그 여정이 편하기 때문이다. 특히 나를 위한 소비에서는 가격 민감도가 낮아지는 흐름을 타고 택시에 대한 관심이 꾸준히 증가하고 있다.

하지만 택시 이용이 늘어남에 따라 불만의 목소리 역시 커졌다. 특히 택시 기사들이 손님에게 말을 걸거나, 길이 좁아서 들어가기 어렵다고 노골적으로 불평하는 등 소비자들이 불편을 겪는 사례가 늘었다. 택시 타는 이유가 편하기 위해서인데 편안함이 사라지면서 택시를 탈 이유도 없어졌다.

"타다가 아니었다면, 저희 부부는 유모차를 끌고 그냥 걸어갔을 거예요. 택시는 아마 저희를 태워주지 않았을 겁니다. (이건 분명합니다. 예전에 한번 타보려다가 거부당했어요)"
"타다 타면 아무 말도 안 해서 너무 좋아요. 택시기사 눈치 볼 필요도 없고…"

타다는 택시보다 더 나은 서비스를 제공한 것이 아니라 택시의 불편함만을 해소해줌으로써 소비자들의 니즈를 만족시켰다. 타다

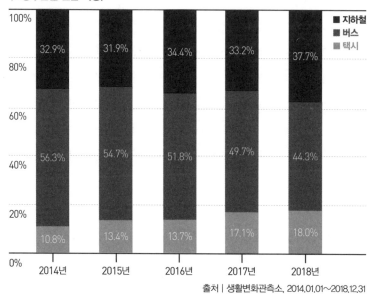

〈교통수단별 언급 비중〉

- 지하철
- 버스
- 택시

	2014년	2015년	2016년	2017년	2018년
지하철	32.9%	31.9%	34.4%	33.2%	37.7%
버스	56.3%	54.7%	51.8%	49.7%	44.3%
택시	10.8%	13.4%	13.7%	17.1%	18.0%

출처 | 생활변화관측소, 2014.01.01~2018.12.31

는 원칙적으로 기사가 손님과 대화를 할 수 없다. 또한 어디를 가든 미리 지정한 지점에 군말 없이 내려준다. 이 때문에 특히 임산부나 아이를 동반한 부모들은 더욱 타다를 선호한다. 어차피 택시를 타면 1만 원 정도는 드는 것, 몇 천 원 더 내고 편안한 타다를 이용하겠다는 것이 소비자들의 마음이다.

돈을 더 주더라도 이왕이면 편안함을 추구하는 경우가 또 있다. 평일 3시 이후만 되면 기다렸다는 듯이 붐비는 장소가 있다. 바로 키즈카페다. 어린이집이 끝나면 엄마들은 아이들을 데리고 키즈카페를 방문한다. 그런데 키즈카페마다 요금도 서비스도 제각각이다. 한 곳은 2시간 이용하는 데 1만 5000원이고, 다른 곳은 8000원이다. 그 둘의 차이는 보조교사가 있느냐 없느냐다. 1만 5000원짜리 키즈카페에 가면 소파에 반쯤 누운 채로 스마트폰을 할 수 있는 반면, 8000원짜리 키즈카페에서는 아이가 나를 이렇게나 사랑했나 싶을 정도로 쉴 새 없이 엄마를 찾으며 같이 놀자고 조르는 상황을 맞게 된다. 당신이라면 어디를 가겠는가?

많은 엄마들이 비싸더라도 아이를 책임져주는 곳을 선호한다. 가격이 2배 가까이 비싸지만 이왕이면 엄마가 더 편하게 쉴 수 있는 곳을 선택한다. 그것이 키즈카페를 방문하는 이유이기 때문이다. 가격을 생각했다면 처음부터 키즈카페 말고 집에 가지 않았을까? 집에도 장난감이 넘쳐나지만 굳이 키즈카페를 가는 이유는 아이가 아닌 엄마의 행복 때문이다. 그래서 키즈카페의 서비스는 점점 더 엄마들에게 맞춰지고 있다. 이미 많은 키즈카페에서 맥주를 판매하고 있는데, 이것이 아이를 위한 서비스는 아닐 것이다.

어차피 소비할 것, 이왕이면 더 좋은 것을 선호하는 경향이 뚜렷하다. 이왕이면 더 맛있는 것, 이왕이면 더 편안한 것이 선택된다. 소셜미디어에서도 사람들은 '이왕이면'이라는 말을 자주 사용하며, 점차 증가하고 있다.

에버랜드 주차장에는 유료 발렛서비스가 있다. 발렛을 맡기는 데 추가로 1만 5000원을 내야 하지만 사전예약을 하지 않으면 이용이 어려울 정도로 인기다. 가족이 나들이를 온 시점에서 1시간 넘게 걸리는 주차시간과 1만 5000원을 비교할 때 요즘 소비자들은 망설

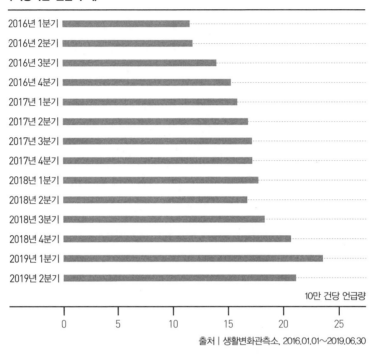

〈'이왕이면' 언급 추이〉

2016년 1분기	
2016년 2분기	
2016년 3분기	
2016년 4분기	
2017년 1분기	
2017년 2분기	
2017년 3분기	
2017년 4분기	
2018년 1분기	
2018년 2분기	
2018년 3분기	
2018년 4분기	
2019년 1분기	
2019년 2분기	

10만 건당 언급량

0   5   10   15   20   25

출처 | 생활변화관측소, 2016.01.01~2019.06.30

임 없이 1만 5000원을 내고 1시간 빠르게 입장하는 쪽을 선택한다.
물론 돈이 썩어나냐며 참을성 있게 주차장 진입을 기다리는 소비
자들도 있겠지만, 이는 가치관의 차이이지 누가 옳고 그른 문제가
아니다. 다만 최근 들어 자신의 니즈가 충족된다고 생각되면 고민
없이 비용을 지불할 이들이 점점 늘어나고 있을 뿐이다. 무조건 싸
고 질 좋은 것을 고르기보다는 그 순간 최고로 만족할 수 있는 옵션
을 선택하는 것이다.

일상생활에서 1만 원 정도는 소비자들이 만족도에 따라 충분히 감수할 수 있는 비용이 되었다. 1만 원뿐인가, 비즈니스석은 훨씬 많은 추가비용이 든다. 비즈니스석은 이름 그대로 해외 출장을 가는 회사원이나 사업가들이 주로 이용하는 항공좌석이지만 여행객들의 이용이 지속적으로 증가하고 있다. 대한항공의 2018년 여객 부문 영업이익이 크게 올랐는데, 비즈니스석과 일등석을 포함한 프레스티지석의 탑승률 상승에 따른 것으로 판단된다고 한다. 이를 뒷받침하듯 SNS에 비즈니스석 탑승 경험에 대한 포스트가 꾸준히 증가하고 있으며, 이제는 성인뿐 아니라 덩치 작은 어린아이들도 비즈니스석에 앉아 있는 것을 어렵지 않게 볼 수 있다. 물론 경제적으로 여력이 있어야 비즈니스석을 이용할 수 있겠지만, 과거에는 상류층만 소비할 수 있다고 생각했던 것이 이제 더 많은 사람들에게로 확산된 것은 분명하다.

'내가 바로 ○○계의 샤넬이야'

프리미엄에 대한 니즈가 어제오늘 갑자기 나타난 현상은 아니다. 소비시장에는 언제나 프리미엄에 대한 로망이 있었다. 여전히 많은 사람들이 명품을 갖고 싶어 하며, 몇 년 동안 돈을 모아 에르메스나 샤넬을 구매한다. 하지만 몇 년을 노력해도 겨우(?) 백 하나를 살 수 있을 뿐, 명품으로 장식장을 채울 날은 영영 오지 않을 것이다.

그래서 명품 대여 서비스가 생겨났다. 결혼식, 돌잔치에 가서 오랜만에 친구들을 만나야 하는데 들고 갈 백이 없는 이들이 이 서비스를 애용한다. 명품 백을 고르면 집으로 제품이 배송되고, 내가 사용한 기간만큼 이용료를 지불한 다음 반납하면 된다. 하지만 그것도 한두 번이지, 내 것이 아니므로 행복은 오래가지 않는다.

충족하기엔 너무 어려운 프리미엄에 대한 욕구가 최근에 다소 엉뚱한 방식으로 해소되고 있다. 명품이 아닌 생필품을 통해서다. 한 남더힐은 꿈도 못 꾸고 강남에 아파트 한 채 구입하는 것도 불가능하지만 내 집의 치약만큼은 가장 비싼 제품을 쓰고 싶으며 그 정도는 충분히 가능하다. 생필품 시장에도 프리미엄 바람이 불기 시작한 것이다. 그리고 그런 제품들을 '○○계의 샤넬', '○○계의 에르메스'라 부르며 소비자들 스스로 명품화하고 있다. 내가 샤넬백은 못 사더라도 치약계의 샤넬은 우리 집 욕실에 있어야 한다. 덕분에 몇 천 원에 불과하던 치약이 이제는 2만 원을 넘고 있으며, 사람들의 관심 또한 지속적으로 높아지고 있다.

"치약과 칫솔을 치약계의 샤넬로 불리는 루치펠로로 바꾸었어요. ㅎㅎㅎ 역시 치약계의 샤넬!!! 부티나져잉?ㅋㅋ"

"식기건조대계의 샤넬로 불리는 라바제로 구입했더니 너무 고급지고 대만족!!!! 주방 자체가 화려해진 것 같아요. 얼마 전에 저희 집에 놀러온 친구도 이거 어디 거냐고 물어봐서 이게 바로 명품 식기건조대라고 추천해줬어요."

〈'○○계의' 언급 추이〉

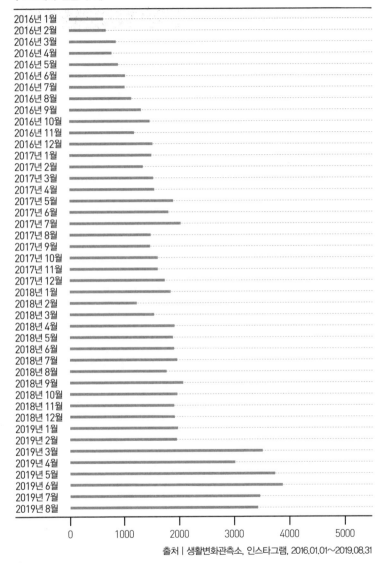

2016년 1월
2016년 2월
2016년 3월
2016년 4월
2016년 5월
2016년 6월
2016년 7월
2016년 8월
2016년 9월
2016년 10월
2016년 11월
2016년 12월
2017년 1월
2017년 2월
2017년 3월
2017년 4월
2017년 5월
2017년 6월
2017년 7월
2017년 8월
2017년 9월
2017년 10월
2017년 11월
2017년 12월
2018년 1월
2018년 2월
2018년 3월
2018년 4월
2018년 5월
2018년 6월
2018년 7월
2018년 8월
2018년 9월
2018년 10월
2018년 11월
2018년 12월
2019년 1월
2019년 2월
2019년 3월
2019년 4월
2019년 5월
2019년 6월
2019년 7월
2019년 8월

0   1000   2000   3000   4000   5000

출처 | 생활변화관측소, 인스타그램, 2016.01.01~2019.08.31

변화하는 소비

〈'○○계의 브랜드' 언급 순위〉

	브랜드	언급량
1	샤넬	12,505
2	에르메스	6,954
3	애플	965
4	벤츠	365
5	프라다	238
6	루이비통	207
7	돔페리뇽	48
8	람보르기니	45
9	알파고	37
10	페라리	28

출처 | 생활변화관측소, 4050여성 커뮤니티, 2016.01.01~2019.08.31

    고가의 사치품은 구매하지 못하더라고 상대적으로 가격이 저렴한 생필품에서는 최고급을 선택하는 것이 최근 트렌드다. 치약이나 식기건조대뿐 아니라 라면, 감자칩에도 ○○계의 샤넬이라는 말이 붙으면서 입소문을 타고 있다. 그 이전에는 '때르메스'라는 별칭이 붙은 때밀이 수건이 온라인에서 품절 대란을 일으킨 바 있다. 실제로 SNS에서도 '○○계의'라는 용어는 지속적으로 증가하고 있다.

    생필품의 프리미엄화는 내가 지금 지불할 수 있는 가치에 대해서는 최대한으로 소비하고자 하는 사람들의 니즈가 반영된 결과다.

▲치약계의 샤넬, 루치펠로　　　　　▲막걸리계의 돔페리뇽, 복순도가 손막걸리

불확실한 미래를 위해 현재를 희생하고 투자하기보다는 바로 지금 제대로 살고자 하는 욕망이 담겨 있다. 그것이 형편에 안 맞게 무리하는 것이 아니라, 감당 가능한 소소한 제품 및 서비스로 이동해가는 것이다.

대출을 받아 명품 외제차를 지르는 것은 이제 쿨하고 멋진 행위가 아니다. 그것은 오히려 대책 없는 소비라 비난받는다. 하지만 몇만 원 또는 몇 천 원 단위에서의 프리미엄은 누구도 질책하지 않는다. 과거의 기준으로는 2만 원짜리 치약을 구매하는 게 이해되지 않았지만, 지금은 오히려 관심의 대상이 된다. 이렇게 변화된 가치관 속에서 사람들은 충분히 소비 가능한 영역에서는 가장 고급의 제품을 선택한다.

변화하는소비

애매한 것이 최악이다

국내 커피전문점 경쟁이 갈수록 치열해지며 주요 커피전문점의 이익도 감소하는 추세다. 이에 따라 매장도 점점 줄어서 엔제리너스 매장은 2018년 한 해 동안 97개가 감소했으며, 카페베네 매장은 158개가 줄었고, 요거프레소와 탐앤탐스커피는 각각 37개, 29개 감소했다. 하지만 스타벅스는 오히려 해마다 매장을 100~150개가량 늘려가고 있다. 스타벅스의 영업이익은 2015년 471억 원, 2016년 852억 원, 2017년 1144억 원, 2018년 1428억 원으로 계속 증가하는 추세이며, 2018년에는 1997년 한국에 진출한 이래 최대 실적을 기록했다.

모든 커피전문점이 치열한 경쟁에 노출돼 있지만, 전문가들은 그 중에서도 고가의 커피전문점들이 어려움을 겪고 있다고 말한다. 저가 브랜드가 많아졌기 때문이다. 그러나 한국의 커피값을 올려놓은 장본인인 스타벅스는 왜 계속 잘나가는가? 더욱이 스타벅스는 고급화 전략을 통해 더 성장하고 있다. 고가 브랜드인 블루보틀 또한 한국에 진출하여 승승장구하고 있다.

이 현상은 커피전문점의 어려움을 단순히 가격경쟁력으로만 해석해서는 안 된다는 사실을 보여준다. 그보다는 브랜드의 개성이 뚜렷하지 않은 것이 주원인이다. 한마디로 애매하다는 것이다.

자영업을 시작하는 사람들이 많이 빠지는 오류가 바로 '중간만 하자'는 것이다. 이 마인드가 왜 문제인지는 백종원의 〈골목식당〉

을 보면 잘 알 수 있다. 백종원이 골목식당 사장님들에게 가장 많이 조언하는 것은 가격과 메뉴에 관한 것들이다. 쓸데없이 많은 메뉴, 어중간한 가격은 소비자들에게 외면받기 십상이다. 커피전문점도 마찬가지다. 가격이 가장 중요한 소비자들은 1000원대의 편의점 커피도 충분히 맛있다. 반면 맛이 중요한 소비자는 좋은 원두를 써서 맛있기만 하다면 비싸도 상관없다. 하지만 3000~4000원대의 커피는 이도저도 아니다. 어중간하다. 빽다방과 스타벅스 사이에서 중간 가격과 중간 맛을 내세웠다가는 몇 달 버티기도 힘들다.

소비 가치관이 변화함에 따라 이제는 어중간한 것이 아니라 확실한 강점이 있는 것들만 살아남고 있다. 2019년 유통채널 가운데 가장 큰 변화를 맞은 곳은 바로 대형마트. 대형마트는 몇 십 년 동안 가장 사랑받는 유통채널이었다. 가격, 품질, 구색, 편의성, 재미에서 모두 경쟁우위를 점했다. 하지만 철옹성 같던 대형마트도 무너지기 시작했다. 대형마트의 실적이 줄줄이 하락해 2019년 2분기 이마트 매출액은 3조 4531억 원으로 전년 동기 대비 2.3% 감소했고 71억 원의 영업손실을 기록하며 적자 전환했다. 이마트가 분기 적자를 낸 건 창립 26년 만에 처음이다.

이렇게 된 가장 큰 이유는 모든 면에서 완벽했던 대형마트가 이제는 애매한 채널이 되었기 때문이다. 가격이나 구색에서는 이미 쿠팡, 위메프 같은 온라인 쇼핑몰이 앞서고 있으며, 품질은 마켓컬리, 오아시스 등이 우위를 점하기 시작했다. 그뿐인가, 당일배송과 새벽배송이 이제는 너무 익숙해져 버렸다. 코스트코와 이마트트레

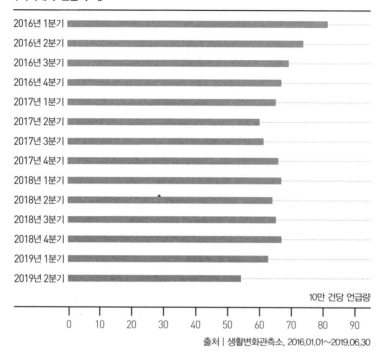

〈'가격대비' 언급 추이〉

2016년 1분기	
2016년 2분기	
2016년 3분기	
2016년 4분기	
2017년 1분기	
2017년 2분기	
2017년 3분기	
2017년 4분기	
2018년 1분기	
2018년 2분기	
2018년 3분기	
2018년 4분기	
2019년 1분기	
2019년 2분기	

10만 건당 언급량

0   10   20   30   40   50   60   70   80   90

출처 | 생활변화관측소, 2016.01.01~2019.06.30

이더스 같은 창고형 마트가 생겨나면서 재미마저 뺏긴 상황이다.

이제 뚜렷한 개성과 전략이 없다면 더 이상 소비자들의 선택을 받을 수 없게 되었다. 기존의 강력한 구매요인이었던 '가격대비'의 효용도 힘을 잃어가고 있다. 소셜미디어에서 '가격대비 좋다'는 언급이 지속적으로 감소하고 있다. 가격에 맞춰 품질을 기대하는 '가격대비'의 중요성이 낮아지는 것이 현재 소비시장에서 일어나는 가장 큰 변화다. 구매하려고 마음먹었으면 이왕이면 샤넬급을 소비하는 것이 가장 현명한 선택이 되어가고 있다.

그러니 '가성비'만이 진리라고 생각하지 말자. 저렴하려면 경쟁 브랜드를 압도할 만큼 확실하게 저렴해야 한다. 그렇지 않다면 가성비는 잊자. 니즈를 충족시켜 준다면 가격은 더 이상 문제가 아니다.

저렴한 생필품일수록 최고급을 선택하는 세상,
애매한 것은 최악이다.

당신은 얼마만큼의 가치를 소비자들에게 제공할 수 있는가?

가격경쟁력에서만 우위를 점하려 하지 말고 기대 이상의 무언가를 제공하자. 만족하기만 한다면 그 비용이 얼마든 간에 사람들은 당신의 브랜드를 선택할 것이다.

당신의 브랜드도 샤넬이 될 수 있는가?

모든 제품 및 서비스에 명품이 존재한다. 치약이나 라면과 같은 생필품에도 명품이 있으며, 소비자들은 그 명품에 열광한다. 우리 브랜드도 'ㅇㅇ계의 샤넬'이 될 수 있는지를 고민하자.

애매하면 안 된다

경쟁 브랜드와 비교해 나의 위치는 어디인가? 애매한 포지션에서 서둘러 빠져나오라. 어느 한 부분에서라도 차별화된 강점을 살려 소비자들에게 어필해야 한다.

김고은 손민수하고 싶다♥

Chapter 9.

인간화되는 브랜드

정유라

'처돌이'를 아시는가?
맹목적 열광은 아이돌에서 브랜드로,
정확히는 브랜드를 만드는 사람에게로 번져가고 있다.
돈으로 살 수 없는 타인의 라이프스타일이야말로
오늘날 가장 잘 팔리는 상품이다.
그러니 브랜드는 마땅히 인간화되어야 한다.

열광할 준비는 되어 있다

　오늘날 사람들은 언제든 열광할 태세로 사는 것 같다. 강요된 '열정'이 아니라 자발적 '열광'이라는 점이 흥미롭다. 열정이 미래를 담보로 한다면 열광은 현재에 충실하다. 열광은 좋아함과는 질감이 다르다. 인스타그램에 날리는 하트, 둘 중에 하나를 고르라면 우선순위에 두는 정도의 '좋아함'이 아니라 생각만 해도 흥분되고, 그것을 위해서라면 어디든 갈 수 있고, 그와 관련된 것은 뭐든 알고 싶고 갖고 싶은 심적 상태가 '열광'이다. 이 과장되게 격렬한 감정은 더 이상 소수 '극성팬'들의 전유물이 아니다. 열광분자를 가진 이들이 점점 늘어나고 있다.

　열광이 일상화된 것은 열광의 대상이 다양해진 덕분이다. 시작은 HOT로 대표되는 팬덤 문화로 설명할 수 있다. 공급 다양성이 부족했던 과거에는 HOT와 젝스키스의 양자구도 속에서 대중문화에 대한 자신의 취향을 나타내야 했지만 이제는 101명 중 원픽을 고르는 상황에 이르렀다. 워너원 11명, 트와이스 9명, 이제 대중적 열광은

젝키와 HOT에서는 취향을 찾지 못하던 사람들에게도 열려 있다. 반드시 사람이어야 할 필요도 없다. 이웃집의 백호(강아지), 짱절미(강아지), 냥이 등 인종과 성별은 물론 종(種)을 넘나드는 다양한 셀럽이 등장했으니 이제 우리는 좋아할 준비만 하면 된다.

격렬한 호감을 나타내는 표현이 점점 많이 쓰이고, 그것으로 모자라 열광의 농도가 짙은 어휘들이 계속 생겨난다. 과거 '극단적 좋아함'을 의미하던 '덕후'는 이제 평이한 수준으로 일반화돼 '덕질'은 '팬질'과 언급량이 거의 비슷하다. 이제 사람들은 '극호', '최애'로 모자라 '광인', '처돌이'를 자처하며 열광의 상태를 표현하고 있다. 그중 '처돌이'는 등장부터 설명이 좀 필요한 표현으로, 현재 열광 현상을 잘 설명하는 사례다.

퀄리티와 디테일이 생명인 굿즈 시장에 다소 이단아적인 닭 한 마리가 등장했다. 삐뚤빼뚤한 눈에 '처갓집 양념치킨' 로고가 새겨진 앞치마를 매고 있다. 이 조악한 닭 인형 '처돌이'는 2019년 어린이날을 맞아 처갓집 양념치킨이 신제품 프로모션 차원에서 'the화이트 치킨' 사은품으로 내놓은 것이었다. 그런데 행사 첫날 1만 개의 처돌이가 모두 동나자 처갓집 치킨은 홈페이지에 사과문을 올리고 2차분 준비에 돌입했고, 중고나라에 프리미엄이 붙은 처돌이 인형이 거래되는 것은 당연한 수순이었다.

흥미로운 지점은, 처돌이가 이미 2016년에 나온 굿즈라는 사실이다. 당시 큰 인기를 끌지 못했던 처돌이가 2019년의 대란템으로 거듭난 이유는 무엇일까? 처돌이는 어느 유명 블로거의 치킨 리뷰

〈호감 표현 키워드 언급 추이〉

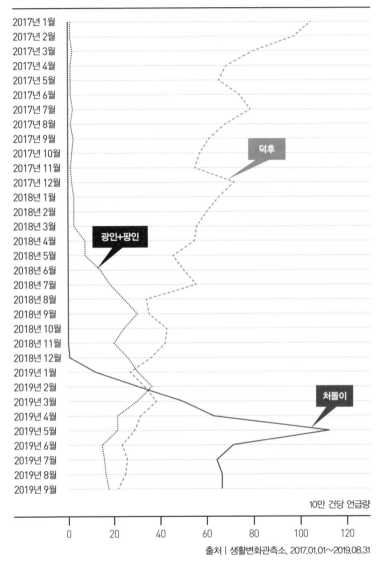

2017년 1월
2017년 2월
2017년 3월
2017년 4월
2017년 5월
2017년 6월
2017년 7월
2017년 8월
2017년 9월
2017년 10월
2017년 11월
2017년 12월
2018년 1월
2018년 2월
2018년 3월
2018년 4월
2018년 5월
2018년 6월
2018년 7월
2018년 8월
2018년 9월
2018년 10월
2018년 11월
2018년 12월
2019년 1월
2019년 2월
2019년 3월
2019년 4월
2019년 5월
2019년 6월
2019년 7월
2019년 8월
2019년 9월

덕후

광인+팡인

처돌이

10만 건당 언급량

0   20   40   60   80   100   120

출처 | 생활변화관측소, 2017.01.01~2019.08.31

가 인기를 끌면서 유명해졌다. "처갓집 치킨의 맛은 처돌았지만 처돌이는 처돌지 않았다고 해요"라는 멘트가 이른바 대박을 치고 온라인상에서 밈(meme)화되며 대중적 인지도를 얻었다. 이 글이 워낙 인기 있다 보니 '처돌이'라는 키워드 자체가 하나의 현상으로 자리잡아 '덕후'를 대신하는 열광 지칭 명사가 된 것이다. 기존의 '덕후'와 차이가 있다면, 처돌이는 조금 더 사소한 행동이나 동작에 대해서도 과하게 몰입하는 열광을 표현한다는 점이다.

> "저 오늘 드디어 흑화당 먹으러 가요! 기대돼요ㅜㅜㅜㅜ 저 흑당 처돌
> 이라 모든 밀크티는 다 먹어보고 있거든요ㅜㅜㅜㅜ"
> "지민이 머리 쓸어 넘기는 행동 처돌이 나야나"
> "홈커밍 피터 소매 처돌이 나야"

처돌이는 맹목적 열광이라는 관점에서 'cult'와 맥락을 같이하지만, 그보다는 덜 진지한 대신 훨씬 대중적으로 사용된다. 처돌이뿐 아니라 '광인(狂人)', '성애자' 등 다양한 표현들이 단순 편애를 넘어 극성적 감정을 표현하고 있다. 이제 사람들은 자신이 무언가를 '미치도록' 좋아한다고 말하기를 주저하지 않는다. 유튜버, 인스타 셀럽, 아이돌, 배우, 심지어 셀럽 강아지 등에도 열광할 준비는 되어 있으며 그 열광을 강렬하게 표현하는 데 익숙하고 자연스럽다. 이처럼 열광으로 가득한 시대에서 우리는 어떻게 열광의 대상이 될 수 있을까? 열광의 핵심과 조건에 대해 알아보자.

인공지능 큐레이션보다 더 신뢰받는 독립서점 주인장의 추천

열광의 핵심을 설명하기에 앞서 짚고 넘어갈 부분이 있다. 우리는 어느 때보다 '혁신'을 강조하는 세상에 살고 있다. 기술은 초 단위로 진화하고, 수많은 정보가 쌓여 메가 데이터를 만들어내고, 인공지능은 자꾸 똑똑해져서 인간을 소외시킬 것 같다. 상점은 무인 자판기와 무인계산기로 인간을 대체하고, 각종 플랫폼들은 눈치도 없이 내 쿠키 정보를 가지고 타깃 마케팅을 하는 바람에 기술 진보가 어디까지 왔는지 실감하기도 한다.

인공지능이나 빅데이터라는 말이 '김밥'이나 '점심시간'처럼 가까이 느껴져서 그런지, 기업들은 사람들의 인간성마저 혁신적으로 바뀌고 기계화되었을 거라 추측하고 새로운 인간상을 궁금해한다. '4차 산업혁명의 AI 시대가 도래했다! 데이터도 기술도 준비되었다. 플랫폼은 나날이 진화하고 인간은 손 하나 까딱 않고 빅데이터 기반의 인공지능이 제시해줄 선택을 이용할 준비가 되어 있다.'

이러한 가설을 바탕으로 기업은 소비자들이 생각하는 '혁신'이란 무엇인지, '인공지능'에 대해 얼마나 알고 있는지, 소비자들의 개별화된 취향을 다 맞춰주려면 어떻게 해야 하는지 알려달라고 의뢰한다. (디지털 네이티브에겐 뭔가 특별한 것이 있으리라는 가설은 그들을 사람 이전에 '별종'으로 바라보게 한다.) 이런 질문을 받을 때마다 언젠가 내 직업이 사라질지도 모른다는 조바심을 떨칠 수 없었다. 이미 회사에는 나보다 빠르게 데이터를 뽑아주는 인공지능 리포트도 있다. 기술에 대체되기 전까지 인간 데이터 분석가로서 할 수 있는 한 열심히 사람들이 남긴 흔적(데이터)을 들여다봤다.

그러나 아직 사람의 본성은 시장이 상상하는 것처럼 '혁신적'으로 '기계화'된 것 같지는 않다. 인공지능은 물론 많은 것을 바꾸었고 또 바꿀 것이다. 그러나 그것이 담당하는 효율, 최적, 최소화가 모든 것을 충족해주지는 않는다. 인간은 여전히 효율보다 낭만을 통해, 최적보다 수고 속에서, 최소보다는 서사적인 것에 '사랑'을 느끼고 그런 것들에 '열광'하고 있음을 데이터는 보여준다.

맥도날드를 비롯해 CGV까지 무인 키오스크가 사람의 자리를 대신했지만 한편으로는 손님들로 빼곡한 노포에 끼여 앉아 종업원을 목 놓아 부르며 술잔을 기울인다. 인공지능 스피커나 초고속 무선랜에 대해 말할 때보다 인간이 만든 어설픈 병맛 콘텐츠, 좋아하는 브랜드의 디자이너에 대해 이야기할 때 훨씬 더 열렬하다. 소셜미디어에서 '사랑한다'는 표현이 가리키는 대상 중 '인공지능'이나 '초고속' 혹은 '기계적 간편함'과 관련된 단어는 아직 상위권에 보이지 않는다.

온라인 서점 사이트는 내 구매이력을 기반으로 정교하게 책을 추천해주지만 정작 내가 신뢰하는 것은 인공지능과 거리가 먼 '독립서점' 주인장의 추천이다. 서점 주인이 포스트잇에 손글씨로 써서 붙인 사적인 추천사에 반응하고, 갱지에 마커로 정성껏 쓴 그 서점만의 베스트셀러 순위를 보고 구매를 결정한다. 독립서점 주인장의 인스타그램을 확인하고, 그의 인간적인 서평과 추천을 기다린다.

플랫폼이 빅데이터와 인공지능을 동원해 제시하는 추천도서에는 관심이 없다. 내 워너비는 '교보문고'가 아닐뿐더러, 교보문고 알고리즘보다는 매력적인 인간의 추천을 통해 더 나은 나로 변화하고 싶기 때문이다.

알고리즘이 아니라 인간만이 워너비가 될 수 있음을 보여주는 표현이 '손민수하다'라는 것이다. '손민수'는 드라마와 영화로도 제작된 웹툰 〈치즈 인 더 트랩〉의 조연이다. 주연이 아닌 조연 이름에 '하다'가 붙는 경우는 드문데, 작중 손민수는 주인공의 패션과 헤어스타일은 물론 말투까지 그대로 따라 하는 인물로 독자들에게 엄청난 분노를 사곤 했다. 웹툰의 폭발적 인기와 함께 '손민수'라는 이름은 '따라쟁이'의 동의어가 되었고, 이내 소셜미디어에서 서술어처럼 쓰이기 시작했다.

"저 오늘 수지 인스타피드 손민수하려고 무신사 털었어요"
"와 오늘 김고은이 입고나온 거 다 손민수하고 싶다"

이제 '손민수하다'의 뜻이 짐작되는가? '손민수하다'는, 내가 좋아하고 동경하는 사람이 입은 옷을 그대로 따라 산다는 뜻이다. 누군가를 따라서 구매하는 것은 더 이상 부끄러운 일이 아니라 열광의 표현이자 효율적인 소비방식으로 읽히고 있다. 좋아하는 것을 닮는다는 것이 '매력적'임은 인공지능 시대에도 여전히 유효하다.

아는 것도 선택지도 너무 많아진 시대, 방황하고 갈등하는 사람

〈인간미 vs 인공지능 속성 비교〉

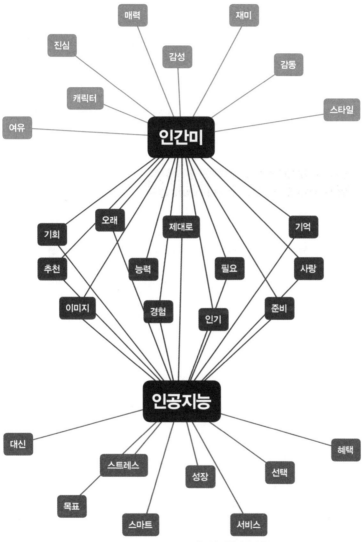

출처 | 생활변화관측소, 2016.01.01~2019.08.31

들을 구원해주는 것은 '나를 잘 아는' 큐레이션이 아니라 '내가 되고 싶은' 사람들의 선택 리스트다. 인공지능은 '대신'의 영역이다. 하기 싫은 것들을 대신 해주기를 바라는 것이다. 반면 인간미는 '매력'의 영역이다. 우리는 기꺼이 매력적인 사람들의 처돌이가 되고, 그를 손민수하려 한다.

브랜드가 아니라 사람에 충성한다

그렇다면 인간의 어떤 매력에 우리는 열광하는 것일까? 자정 전에 주문하면 다음 날 귀신같이 문 앞에 가져다주는 쿠팡의 간편함, 말 한마디 섞지 않고 목적지까지 정해진 요금으로 데려다주는 '타다'와 같은 서비스의 합리성이 아니라 '열광하는 인간'이 불편을 감수하고서라도 선택하고야 마는 인간적 매력은 무엇인가?

2018년 9월, 별다른 이벤트도 없이 전 세계 소셜 피드를 뜨겁게 달군 브랜드가 있다. '셀린느'다. 남성들에게는 다소 생소할지 몰라도 지난 10여 년간 전 세계 여성들에겐 루이비통보다, 크리스찬 디올보다 훨씬 강력한 존재감을 지닌 브랜드였다. 존재감의 핵심은 '피비 파일로'라는 크리에이티브 디렉터였다. 업계에 따르면 지난 10여 년간 피비 파일로는 셀린느의 연매출을 2억 유로에서 7억 유로 이상으로 끌어올린 것으로 알려졌다.

셀린느에서 지난 9월 일어난 일은 꽤 단순했다. 셀린느의 수장이 그녀에서 에디 슬리먼으로 바뀌었고 피비 파일로 시절의 인스타그램 피드가 모두 지워지고 에디 슬리먼의 세계관에 맞는 사진이 올라왔다. 리더가 바뀌면 으레 일어날 수 있는 일이지만, 그것을 지켜보는 온라인 피드는 분노로 가득 찼다. 피비 파일로가 셀린느와 함께한 모든 추억과 역사를 없앴다는 것이다.

그리고 얼마 후 'oldceline'란 계정이 생겨났다. 이 계정은 1년이 채 안 돼 30만 명의 팔로워를 확보했는데, 셀린느 공식 계정의 6분의 1에 해당한다. 주목할 점은 브랜드가 운영하는 공식 계정이 아니라, 피비 파일로의 팬들이 지난 10년을 기리며 만든 일종의 팬페이지라는 사실이다.

사람들은 셀린느와 올드셀린느를 구별했고, 소장한 제품 사진에 굳이 '#올드셀린느'라는 해시태그를 달았다. 올드셀린느의 중고 가격은 30%나 올랐다. 올드셀린느에 대한 글을 살펴보면 이 현상이 단순한 향수를 넘어 개인에 대한 '열광'임을 알 수 있다. 팬들은 '셀린느'라는 브랜드보다 '피비 파일로'라는 개인을 더 많이 사랑했으며, 그녀는 말 그대로 워너비였다. 광고 모델이나 브랜드의 아우라가 아니라 디렉터 자체가 소비자의 이상형이었던 것이다.

"피비 파일로의 라이프스타일, 피비 파일로의 철학 그게 우리가 셀린에 열광했던 이유다. 그녀가 사라진 셀린은 더 이상 그 전의 셀린이 아니다."

"아 다 됐고, 피비 파일로 어디 가냐 거기 주식 좀 사두게. 에르메스만
아니면 다 따라가서 다 사줄 테니까…"

명품 브랜드에서 디렉터의 역량과 존재감이 커진 지는 이미 오래
지만, 피비 파일로처럼 개인의 존재감이 브랜드보다 더 커져서 스
스로 브랜드의 연대기를 창조한 사례는 많지 않다. 왜 그녀에게만
이러한 열광이 따르는 것일까? 그 답은 그녀가 드러낸 '사람'으로
서의 면모에 있다. 피비 파일로는 셀린느로 오기 전부터 화제의 인
물이었다. 잊혀져가던 명품 브랜드 끌로에를 자신만의 스타일로 완
벽히 재탄생시키며, 그녀는 이렇게 말했다.

"내가 수십억 유로의 이익을 내고 톱 5 안에 드는 날, 나는 보다
나은 삶을 위해 모든 것을 버리고 2년간 휴식을 취할 것이다."

그녀는 2006년 첫 아이를 출산하고 끌로에를 떠나며 퇴사 이유
로 '가족과의 시간이 부족하다'고 말해 모두를 놀라게 했고, 단숨
에 이해시켰으며, 더 열광하게 했다. 밤 11시까지 일하지는 않겠다
는 소신, 스스로를 '엄마이자 여동생, 친구 그리고 패션 디자이너'
라고 말하는 균형 잡힌 역할 정체성과 같은 그녀의 철학과 태도에
사람들은 열광했다. 소비자들은 디자이너로서 그녀의 심미안과 독
보적인 스타일에 그치지 않고 '인간 피비 파일로'의 라이프스타일
을 동경한 것이다.

그것이 고스란히 담긴 것이 바로 그녀의 셀린느였다. 디자이너
본인이 브랜드이자 페르소나였던 것이다. 셀린느 제품을 산다는 것

은 피비 파일로 같은 라이프스타일, 즉 '생활하는 여성, 일과 삶의 균형을 잘 맞추는 건강한 여성, 남자에게 예뻐 보이는 옷보다 자신이 입고 싶은 옷을 입는 여성, 현대적이고 지적이며 문화와 예술을 사랑하는 여성'의 이미지에 공감하고 동조하며, 그런 삶을 사는 여성이길 바란다는 뜻이다.

피비 파일로의 사례는 소비자의 페르소나를 상상해서 구현하기보다는, 매력적인 셀러의 페르소나를 창조하고 그것을 사람들이 좋아하도록 만드는 것이 더 효과적임을 보여준다. 단순히 브랜드에 열광하던 시기를 넘어 그 제품과 서비스를 만든 '개인의 서사'에 주목하는 때가 왔다. 엔터테인먼트, 가구, 가전까지 셀러의 페르소나는 전방위에서 영향력을 미치고 있다. 츠타야에는 '마스다 무네아키', 마켓컬리에는 골드만삭스와 맥킨지 출신의 '김슬아'가 있다. 그뿐인가, 프리츠한센의 천재 디자이너 '하이메 아욘', CJ오쇼핑 A+G(엣지)의 '한혜연', 심지어 최근에는 SM엔터테인먼트에서 빅히트로 이적한 비주얼 디렉터 '민희진'까지 브랜드를 넘어서는 개인의 '이름'이 산업 곳곳에 존재한다. 백종원의 유튜브 채널은 개설 3주 만에 200만 구독자를 돌파했는데, 그가 출연하는 〈골목식당〉의 방송사인 SBS 스브스 채널의 구독자는 44만 명이다. Jtbc 아나운서 출신인 장성규의 유튜브 채널 '워크맨'도 만든 지 2개월 만에 200만 구독자를 넘어섰다. 2012년에 시작한 Jtbc 예능채널의 400만 구독자의 절반에 가까운 수치다. 이뿐이 아니다. MBC 노조는 "임직원이 1700명이나 되는 지상파 MBC의 하루 광고매출액이 여섯 살 이보람 양의 유튜브 방송과 비슷해졌다"며 위기감을 드러냈다.

《신뢰 이동》이라는 책에서 저자 레이첼 보츠먼은 "이제 신뢰와 영향력은 제도보다 개인에게 존재한다"고 말했다. 조직보다 '개인'에 열광하는 것은 시대의 흐름이다. 한 명의 개인이 거대기관보다 중요하게 느껴지고, 하나라도 더 팔려는 장삿속이 훤히 들여다보이는 브랜드보다는 분명한 컨셉과 철학이 담긴 개인의 브랜드 가치가 높아지는 시대다. 효율을 지상과제 삼아 수익을 극대화하려는 거대기업과 공룡기업에는 '열광'할 이유가 없다.

그러니 사랑받기 위해 우리 브랜드가 취할 전략은 분명해 보인다. 우리 브랜드 역시 '사람' 같아져야 한다. 인격이 있는 브랜드가 되어야 한다. 우리 브랜드를 대표하는 디렉터, 우리 브랜드 셀러의 페르소나가 있어야 한다. 우리 브랜드를 누가 만드는지 생각할 때 떠오르는 얼굴이 조금 더 멋져야 할 필요가 있다. 기름지고 탐욕스런 얼굴, 구치소나 법원을 들락거리며 찍힌 감색 정장의 고개 숙인 모습… 이런 연상은 브랜드에 도움이 될 리 없을뿐더러 소비자들이 열광하는 캐릭터 또한 그런 모습이 전혀 아니다. 숫자에 매몰돼 계산기를 두드리는 모습보다, 건강하고 진솔하며 철학과 취향이 있는 얼굴이 떠오르는 것이 더 좋지 않을까? 꼭 디자이너가 아니어도, 우리 브랜드를 대표할 '사람'을 발굴하고 그와 함께 우리 브랜드를 알리는 일은 '열광 시대의 브랜딩'에 너무나 필요한 일이다.

사생활이 자산이다, 라이프스타일을 판다는 것

'사람을 닮은 브랜드'에는 두 가지가 필요하다. 하나는 '라이프'이고 그다음은 '라이프스타일'이다. 라이프가 없는데 다짜고짜 라이프스타일부터 논하면 곤란한데, 대부분 라이프도 정리하지 않고 라이프스타일만 추구하는 경우가 많다. 라이프와 라이프스타일이 잘 어우러질 때 이것을 '일상'이라고 말한다.

라이프는 팩트를 기반으로 한다. 그가 비혼인지, 기혼이라면 육아를 하는지, 직업은 있는지, 반려동물은 키우는지와 같은 사생활이 바로 라이프의 영역이다. 이제는 면접에서 물어볼 수 없게 된 사적 영역의 질문이지만 인간과 인간이 '관계'를 맺을 때는 여전히 중요하게 작용하는 요소다. 더욱이 기업이나 브랜드에는 없고 AI도 결코 가질 수 없는 것이기에, 페르소나의 캐릭터에 부합하는 사생활은 사람 같은 브랜드를 만들기 위해 반드시 필요하다.

타인의 사생활에 대한 호기심은 자연스러운 본능이다. 공중파의 인기 주말 예능은 〈런닝맨〉과 〈복면가왕〉을 제외하면 모두 관찰예능이 된 지 오래다. 2019년 모든 화제의 주인공이었던 방탄소년단은 유튜브, 네이버 브이앱, 트위터, 위버스 등 각종 플랫폼을 통해 그들의 사생활을 공유하고 있다. 방탄소년단 멤버 정국이 브이앱에서 좋아한다고 밝힌 섬유유연제가 하루 만에 두 달치 물량을 소진한 것은 유명한 일화다. 연예인만이 아니다. 사람들은 인스타그램에 자신의 사생활을 자발적으로 공개하고 있으며, 유튜브 연관어가운데 가장 빠르게 증가하고 있는 키워드는 '일상'과 'VLOG'다. 대본이나 작위적 연출이 없는 자연스러움과 '리얼'을 강조하는 사생활의 영역은 소셜미디어 상에서 '일상'이라는 말로 치환되어 공유되고 있다.

라이프가 중요한 이유는 공감의 접점을 만들기 때문이다. 그와 나의 일상에 겹치는 부분, 다시 말해 '공감대'가 있다는 것은 대상과의 심적 거리를 좁혀주고, 소비자들이 내게 선뜻 질문하고 싶게끔 친밀하게 만드는 장치가 된다. 질문하고 싶은 사람이 된다는 것은 이미 매력의 영역에 한발 가까워졌다는 의미다. 연예인의 시상식 사진보다 일반 인플루언서의 일상 사진에 더 많이 달리는 댓글이 있다. "○○ 정보 좀요." 시상식에서 입는 드레스는 공감대가 없지만, 일상 사진 속 그가 입고 들고 신은 모든 것들은 누군가의 일상에 필요한 정보가 된다.

그렇다면 공감할 수 있는 라이프, 사람들이 가장 관심 있는 일상은 무엇일까? 가장 빈번하게 말하는 것이 가장 관심 있는 것을 나타낸다고 한다면, 인스타그램에서 가장 많은 공감을 부르는 '○○일상'은 크게 3가지로 육아, 반려, 직장이다. "나도 육아가 힘든데…", "나도 직장생활이 버거운데…", "아이가 예뻐서", "강아지가 귀여워서"와 같이 자연스럽게 공감대를 형성하고 말을 걸 여지가 생기는 지점들이다. 과거 부모님들이 정직하고 성실하라고 가르쳤듯이, 오늘날은 소통과 공감이 인간성의 가장 중요한 덕목이 되고 있다. 그러므로 사람들이 공감할 수 있는 라이프를 기꺼이 공개하

〈유튜브 연관 라이프 키워드 순위〉

2017년		2018년		2019년 (~8월)	
1	노래	1	노래	1	책
2	음악	2	방송	2	방송
3	방송	3	음악	3	노래
4	게임	4	영화	4	공부
5	영화	5	공부	5	일상
6	공부	6	책	6	이야기
7	그림	7	정보	7	영화
8	라이브	8	일상	8	음악
9	뮤비	9	이야기	9	게임
10	뮤직	10	게임	10	강의
11	공연	11	수업	11	수업
12	피아노	12	공연	12	운동
13	이야기	13	강의	13	드라마
14	일상	14	라이브	14	라이브
15	강의	15	그림	15	취미
16	부	16	여행	16	그림
17	음원	17	드라마	17	브이로그
18	OST	18	취미	18	정보
19	책	19	뮤직	19	공연
20	취미	20	댄스	20	교육

출처 | 생활변화관측소, 2016.01.01~2019.08.31

변화하는 소비

아기일상 **주말일상** 부부일상 워킹맘일상
옷스타그램일상 **인스타일상** 아들마일상
강아지일상 **엄마일상** 임산부일상
고양이일상 임산부일상
소소한일상 바쁜일상 신혼부부일상
남매일상 아들맘일상 **일상**
신혼일상 **육아일상** 첫째일상 점둥마일상
제주일상 집사일상 미국일상 아들일상
새댁일상 반려견일상주부일상 요름

출처 | 생활변화관측소, 2016.01.01~2019.08.31

고 그에 대한 이야기를 나누는 것은 커뮤니케이션 관점에서 매우 중요하다.

하지만 아쉽게도 소통과 공감만으로는 그들에게 '열광'할 수 없다. 사람들을 열광시키는 것은 소통이 아닌 팬심에서 나오기 때문이다. 떠벌이 소통왕이 아니라 사람들이 열광하는 인플루언서 혹은 셀럽을 만드는 것은 그만의 독특한 '라이프스타일'이다.

최근 몇 년간 B2C 비즈니스를 하는 사람들 중 '라이프스타일'이란 용어를 안 써본 사람이 있을까? 마치 대한민국의 모든 맛이 '흑당'과 '마라'로 뒤덮인 2019년의 식음료 트렌드처럼, 모든 비즈니스에 '라이프스타일'이란 키워드가 화두다. 사용주체에 따라 '라이프스타일'의 개념과 정의는 제각각이지만, 어렴풋하게 '생활방식'이라든가 '삶에 대한 태도' 혹은 '취향'이라는 말로 대체되기도 한다. 이처럼 해석은 모두 다름에도 소셜미디어에 올라오는 '라이프스타일'이라는 표현에는 꽤 명확한 단계가 존재한다.

남다른 라이프스타일을 어필하여 주목받고자 할 때 가장 쉬운 방법은 '소비'다. 우스갯말로 인스타그램의 준비물이 '에르메스 버킨 백'과 '포르셰'라는 말이 돌 만큼, 부유함을 과시할 수 있는 물품을 지니고 있다면 일단 이목 끌기는 어렵지 않다. 개인 마켓을 열어 홍보하고자 할 때에도 먼저 자신의 쇼핑 아이템부터 공유하곤 한다. 자신만의 특별한 라이프스타일이랄 게 없는 사람들이 구독자 수를 늘리기 위해 손쉽게 만드는 콘텐츠는 대개 이런 식으로 시작

〈라이프스타일 표현단계〉

커리어
(포트폴리오, 아카이브)

능력, 재능
(요리 솜씨, 인테리어 실력, 패션스타일링)

가치관
(루틴, 철학, 삶의 태도, 취향)

경험 소비
(여행, 취미생활)

물질 소비
(쇼핑, 하울haul)

한다. '○○○만 원어치 하울', '○○○만 원 명품 언박싱.'

같은 맥락에서 남다른 경험, 다시 말해 비싼 경험을 공유하는 것도 라이프스타일을 표현하는 쉬운 방법이다. 이는 특히 유튜브 조회수를 높이기 위해 자주 사용되는데, '퍼스트 클래스 탑승기', '6성급 호텔 스위트룸 숙박기' 등 화려한 경험을 소비하고 인증하는 영상들이 그 예다.

소비를 통해 라이프스타일을 표현하는 것은 가장 저차원적이지만 가장 자극적이어서 투자금만 있으면 누구나 쉽게 모방할 수 있다. '남들이 부러워하는 라이프스타일을 보여주고 그걸 통해 돈을 버는' 꽤나 간편한 환상을 펼쳐 보이는 방식이다. 셀럽과 인플루언서의 시대에 가장 즉각적인, 따라서 어쩌면 가장 가성비 좋은 방법일지 모르지만 이 정도는 개인이 블로그 마켓, 인스타 마켓으로 패션 아이템이나 미용 용품, 빈티지 소품을 팔 때나 가능한 선택지다. 소비를 과시하는 것에는 안목이나 취향, 가치관이나 철학이 끼어들 틈이 없다. 따라서 어떤 존경도 아우라도 열광도 없으며, 더 비싼 하울, 더 진귀한 경험, 더 매력적인 외모를 지닌 셀럽이 나타나는 순간 그곳으로 관심이 이동하기 쉽다.

가격을 매길 수 있는 것들은 언제든 대체될 수 있다. 진정한 열광이 시작되는 부분은 그보다는 더 고차원적인 영역에서다. 그만의 단단한 가치관이나 능력이 있다면 그 자체가 하나의 특별한 라이프스타일로 인식된다. 한 번 비건 레스토랑에 간 것은 경험에 불과하지만 3년간 비건 생활을 유지하고 있다면 그건 그 사람의 가치관으로 인정받는다. 한우 홍보대사였던 이효리가 돌연 채식 선언을 한 뒤로 채식의 대명사가 되기까지 숱한 비웃음과 비아냥이 따랐다는 것을 기억해보자. 요리 솜씨가 좋아 자신만의 레시피를 공유한다거나, 자신만의 안목으로 전례 없는 인테리어를 선보이는 것은 취향과 솜씨, 시간을 모두 필요로 하기에 더 어렵다.

팬덤을 넘어 아우라를 가진 열광의 단계로 넘어가는 데 중요한 것은 커리어라고도 불리는 개인의 '역사'다. 인스타그램 피드의 히스토리, 유튜브의 동영상 아카이브 등이 '역사'를 증명해주기도 한

"목적의 왕국에서 모든 것은
가격을 갖거나 존엄성을 가진다.
가격을 가지는 것은 무엇이든 동등한 가격을
지닌 것으로 대체될 수 있다.
반면에 모든 가격을 뛰어넘어
다른 것으로 대체될 수 없는 것은
무엇이든 존엄성을 지닌다."

–임마누엘 칸트, 《도덕 형이상학 정초》

다. 가치관과 능력이 어우러져 오랜 시간 동안 하나의 역사를 만들 때 사람들은 그의 라이프스타일을 동경하고 응원하고 열광한다.

'대체될 수 없는 라이프스타일을 만들라'는 말이 자기계발서의 한 줄 요약 같은 뻔한 이야기로 들릴 수도 있지만, 이것은 사람을 위한 조언이 아니라 '인격이 있는 브랜드'를 위한 조언이다. 우리 브랜드를 대표하는 셀러는 소비를 제안하는 수준이 아니라 자신만의 가치관과 능력을 구체적으로 표현할 수 있어야 한다. 그 표현방식의 감도가 깊거나 명민할수록 열광할 이유는 더 많아진다.

라이프스타일을 표현하는 데 가장 중요한 것은 '좋아하는 것'에 대해 열렬히 말하는 것이다. 좋아하는 것이 있고, 좋아하는 것을 사고, 좋아하는 일을 하고, 좋아하는 삶을 사는 사람. 좋아하는 것들이 통일된 맥락으로 묶인다는 것은 그가 고유한 철학과 취향을 가진 사람이라는 뜻이다. 그리고 우리가 좋아하는 것들을 소비자도 좋아하게 만드는 것이 브랜드가 지향해야 할 라이프스타일 표현의 핵심이다.

어떤 브랜드들은 그들이 좋아하는 것을 표현하기 위해 매거진을 발간한다. 배달의민족과 〈매거진 B〉가 함께하는 〈매거진 F〉, 패션 브랜드 아크네 스튜디오의 〈아크네 페이퍼〉, HM그룹의 COS가 발행하는 〈코스 매거진(COS MAGAZINE)〉 등이 담아내는 것은 그들의 제품에 관한 이야기가 아니다. 1년에 두 번 발간되는 〈코스 매거진〉의 2019년 봄/여름호 주제는 '빛'으로, 천문학자 캐시 비바스, 밝은 빛을 작품에 담는 영화감독 루카 구아다니노, 햇빛의 건축가 마리나 타바숨 등의 인터뷰가 담겨 있다. 자신들의 철학과 취향을 우회적으로, 아주 정성껏 우아하게 표현하는 작업이다.

라이프스타일을 가진 사람들에게 열광하는 이유는 이들이 21세기형 히어로이기 때문이다. 의무와 노동의 성실한 이행이 가장 중요한 가치였던 20세기의 히어로가 주어진 과제를 최선을 다해 수행하는 모범생이었다면, 21세기의 히어로는 '자아 찾기'라는 신화를 '라이프스타일'로 구현한 사람들이다. 좋아하는 것을 업으로 삼고, 그를 통해 자아를 실현하고 자신만의 라이프스타일을 구축한 사람들이야말로 21세기의 위인들이다.

"라이프스타일이 멋있어서 (막 쓰는 물건이라거나 취미라거나 좋아하는 것들이 멋진) 지켜보는 게 재밌는 사람들이 있는데 너무 멋지고 그렇게 되고 싶음"

"내가 마틴을 좋아하는 이유 중 하나는 자기만의 라이프스타일, 시그니처가 확고한 사람이라는 것?(고집이랑은 다르다.) 연기부터 비롯해서 좋아하는 음악이라든지 식성, 패션, 세상을 보는 방식 같은 것들. 쉽게 흔들리지 않는 자신 있는 확고함이 멋짐."

"다시 한 번 깨닫는다. 미인이 드물지만 배경까지 훌륭한 사람은 더 드물고, 그중 멋진 철학, 라이프스타일을 지닌 사람은 더 드물다. 그러니 멋진 라이프스타일을 가진 사람들이 이 세계의 인플루언서가 되는 수밖에."

'좋아하는 일을 하세요', '자신의 목소리에 귀 기울이세요'라는 21세기형 새마을운동 구호와 같은 주술을 듣고 자란 이들은 실제로 이를 성취한 히어로를 보고 희망의 싹을 틔운다. 누구와도 같지 않은 고유한 라이프스타일을 가졌으며, 그것이 개인의 능력과 철학과 커리어를 고스란히 반영한다는 것이야말로 21세기의 성공신화다.

속성상 돈으로 살 수 없는 '라이프스타일'은 이로써 오늘날 가장 잘 팔리는 '환상'이 된다. 잘 팔린다는 것은 그만큼 '자신만의 라이프스타일'을 갖춘 사람이 드물다는 것을 반증한다.

마켓컬리의 김슬아 대표는 맞벌이 부부의 일원으로서 겪은 고충과, 좋은 음식에 대한 열렬한 사랑을 인터뷰마다 반복해서 말한다.

"먹는 것에 목숨을 건다. 마켓컬리를 창업하게 된 계기가 됐을 정도다. 그러다 보니 외식은 지양하고 아침, 저녁은 꼭 집에서 먹는다. 세척까지 완료된 손질 원재료를 주문해서 간단한 조리법으로 해먹는다. 아침으로는 조리에 많은 시간이 안 드는 삶은 달걀, 바나나, 요구르트 등을 먹고 출근한다. 건강도 포기하지 않는다. 전날 밤에 챙겨놓은 온갖 영양제와 즙을 먹는다."[1]

그녀의 인터뷰를 보고 있노라면 마켓컬리라는 브랜드의 주어는 전지현이라는 모델이 아니라 김슬아로 읽힌다. '마켓컬리적 라이프스타일'이라고 말할 때 우리가 떠올리는 여성은 '성공적으로 커

---

1) 송현, "하루 5시간 이상 잔 적 없어… 일상 단순화하는 게 우선", 이코노미조선 261호, 2008.8.6.

속성상 돈으로 살 수 없는
'라이프스타일' 이야말로
오늘날 가장 잘 팔리는 '환상' 이다.

리어를 쌓고 있으며 건강한 식습관이 주는 삶의 윤기도 포기하지 않는 사람'이다. 이는 사회적으로 큰 성공(빅네임의 회사가 주는 신뢰)을 이룬 기혼여성(라이프스테이지)이 자신의 사생활(지금도 현역으로 일하고 계신 어머니에게서 삶의 균형을 배웠다는)을 공개함으로써 밝힌 자신의 라이프스타일 그 자체이자, 마켓컬리가 창조한 라이프스타일이다.

섬세한 큐레이터에서 과감한 크리에이티브 디렉터로

대한민국의 소비는 현재 크게 두 가지 갈래, 실용소비와 매력소비로 나뉜다. 실용은 효율과 생존의 영역으로 최저가와 간편함에 반응한다. 매력은 구매를 통해 '기분이 좋아져야 하고' '취향을 저격해야 하며', '나를 위한 보상, 나를 위한 선물'로 선택하는 영역이다. 생존을 위한 미세먼지 마스크는 쿠팡에서 최저가로 사고, 남들은 신경도 안 쓸 테지만 내 만족을 위해 구입하는 '귀여운 프린트가 있는' 삭스어필 양말은 29CM을 뒤지고 뒤져 구매한다. 삭스어필 덕후라면, 삭스어필 디자이너의 개인 인스타그램 계정까지 발굴하여 팔로우하며 열광할 수도 있다. (내가 그렇다.)

기술 발전이 진화할수록 더 고도화된 타기팅과 큐레이팅으로 소비자가 '사려고 하는 것'이 정확한 타이밍에 제시될 것이다. 이처럼 고객의 니즈에 맞춰 정확한 상품을 제시하는 것은 실용의 영역에 가깝다. 아마존의 모토인 싸고 빠르게 원하는 물건을 가져다주는 미덕이 여기에 해당한다. 이 소비에는 개인적인 환상이나 상상력이 개입할 여지가 적다.

소비의 세상에서 환상과 상상력은 매력소비에서 작동한다. 갖고 싶지도 않았던 물건이 갑자기 '나를 위한 선물'로 변신하는 마법이 매력소비에서 일어난다. 나를 더 돋보이게 해줄 거라는 믿음을 주는 것, '조금 더 나은 삶' 혹은 '조금 더 괜찮은 생활', '조금 더 멋진 나'를 꿈꾸며 기꺼이 지갑을 열게 되는 소비다.

소비자의 취향과 니즈를 맞춰주는 효율의 영역은 플랫폼이 담당할 것이고, 취향을 제안하는 매력의 영역은 인간의 역할이 될 것이다. 앞서 언급한 '고유한 라이프스타일을 지닌 브랜드의 페르소나' 말이다.

한동안 소비를 제안하는 인간의 역할이 '큐레이션'에 있다고 보는 것이 트렌드였다. 큐레이터의 안목과 관점에 기반한 새로운 기획을 통해 선택지를 줄여주는 것이 소비자의 취향을 '맞추는' 일이라고 여겨졌다. 예술 전시에서 큐레이션이란 관점을 발견하고 그에 맞는 전시를 기획하고 주제에 맞는 작품을 수집해 전시공간에 펼쳐 보이는 것을 뜻한다. 기획, 수집, 전시가 모두 중요하다. 소비를 이끄는 큐레이션은 이 세 단계에 집중하되 궁극적으로는 소비자의 취향에 맞춰 선택지를 좁혀주는 것 이상이 되기 힘들다. 말하자면 '결정의 아웃소싱'을 담당하는 것이다.

이에 반해 새로운 취향을 제안하는 '인간'의 역할이란 고유한 아우라를 발산하는 완성형의 콘텐츠를 만드는 것이다. 따라서 브랜드 페르소나는 섬세한 큐레이터가 아니라 과감하고 창조적인 디렉터가 되어야 한다. 개인의 희귀한 매력을 탁월함이라는 아우라로 전환시키는 것이야말로 이 시대의 디렉터가 해야 할 일이다.

2018년 3월 루이비통 남성복 부문의 새로운 수장으로 임명된 '버질 아블로'는 그런 점에서 예시가 되기에 적합하다. 보편성을 띠어야 할 트렌드 책에서 명품 브랜드를 예시로 드는 것은 언제나 조심스럽다. 타깃이 한정되었다는 편견이 있기 때문이다. 그러나 소비의 결이 실용과 매력소비로 나누었을 때 '매력소비'에 해당하는 영역은 아무리 저가라도 '명품'처럼 여겨지고, 소비의 자세도 명품 브랜드를 소비하는 것과 다르지 않다. 8장에서 이야기한 'ㅇㅇ계의 샤넬'과도 같은 맥락이다.

떠오르는 스트리트 브랜드인 '오프화이트'의 수장인 버질 아블로는 루이비통 브랜드 역사상 첫 흑인 디자이너일 뿐 아니라, 건축학도 출신으로 정식 디자인 교육을 받지 않았다는 점에서도 주목받았다. 디자이너 출신이 아닌 그가 루이비통의 수장이 되었다는 것은 이제 명품 브랜딩의 핵심은 과감한 디자인이 아니라 브랜드의 방향성을 제시하는 디렉팅에 있다는 것을 의미한다.

그의 첫 컬렉션은 대성공이었다. 소셜 피드상의 관심이 매출로 직결되는 요즘, 그에 대한 관심만큼 매출 역시 크게 증가했다고 알려졌다. 440만이라는 엄청난 팔로워를 보유한 그는 자신이 좋아하는 모든 것을 개인 인스타그램에 올린다. 좋아하는 작가, 좋아하는 예술가, 좋아하는 건축 등 모든 것을 자신만의 방식으로 찍어 올린다. SNS뿐 아니라 인터뷰를 통해서도 개인적 취향을 가감 없이 드러낸다. 은퇴하면 꽃꽂이에만 전념하고 싶다고 밝히더니 루이비통의 2020 S/S 컬렉션에서 꽃 취향을 드러내기도 했다. 그가 좋아하는 것이 그 브랜드로 구현되고, 단순 소비자가 아닌 '팬'을 자처하는 이들은 그것에 열광한다.

이처럼 크레이에티브 디렉터의 역할은 수집과 전시에 머무르는 것이 아니라 제작과 의사결정에 직접 참여해 브랜드의 톤앤매너를 결정하고 그의 고유한 아우라를 브랜드에 이식하는 것이다. '사과'를 주제로 전시한다고 했을 때 아담의 사과, 뉴턴의 사과, 세잔의 사과, 스티브 잡스의 사과를 '전시'하는 것은 큐레이션이다. 반면 세잔이 묘사한 사과의 색과 형태를 자신만의 감성으로 재창조하는 것은 크리에이티브 디렉터의 영역이며 취향이다. 매력적인 아티스트의 디렉팅은 그 자체로 예술품으로 승화된다. 단순히 여러 버전의 사과를 모아서 전시하는 것 이상의 효과를 낸다.

우리 브랜드의 주어는 광고 모델이나 조사와 추측으로 만들어낸 고객 페르소나가 아니라 우리 브랜드의 크리에이티브 디렉터가 되어야 한다. 최근 3년 새 소셜미디어 상에서 '아트 디렉터'와 '크리에이티브 디렉터'의 언급량도 꾸준히 증가하고 있다. 영리해진 소비자들은 이제 그 브랜드의 브랜드 디렉팅을 누가 맡는지, 누가 크리에이티브 디렉터이고 아티스틱 디렉터인지 감별해내고 그들의 이름을 외운다. 크리에이티브 디렉터는 소비자가 믿고 따르는 '워너비'다. 그런 워너비가 디렉팅하는 브랜드의 제품은 단순한 제품이 아니라, 한 인간의 역사와 철학을 담은 매력적인 콘텐츠가 된다. 그 콘텐츠를 구입함으로써 소비자들은 그와 같은 라이프스타일을 경험할 수 있다.

우리의 브랜드를 대표할 수 있는 '사람'을 모색하고 발굴해야 한다. 한 명의 '사람'이 어렵다면 우리 브랜드, 우리 회사를 구성하는 집단의 이미지도 괜찮다. 온라인 의류 쇼핑의 최강자로 자리매김한 '무신사'의 경우, 스태프 스냅과 직원 인터뷰를 통해 지속적으로 '무신사스러움'을 어필하고 있다. 무신사 직원은 이런 옷을 입고, 이런 태도를 지니고, 이런 곳에서 커피를 마신다는 사실을 알림으로써 그들이 해낸 것은 '무신사를 인간화'하는 일이다. 그 노력 덕분인지 사람들은 '무신사인간'이라는 말을 쓴다. "제가 오늘 입고 나온 옷 그야말로 무신사인간이네요." "님 혹시 무신사인간이세요? 오늘 완전 무신사인 줄." 브랜드와 채널이 사람처럼 느껴질 만큼 또렷한 정체성을 지녔다는 것은 무신사스러운 라이프스타일이 소비자에게 완벽히 전달되었고 그에 열광하고 있음을 방증한다.

물론 인플루언서 전성시대라는 트렌드 하에 '개인'의 영향력은 커지겠지만 그렇다고 유명세에만 집중해 그의 철학이나 역사에 대한 검증도 없이 이미지와 유명세만 있는 인플루언서를 기용하는 것은 위험하다. 2019년 초 임블리 사태로 대표되는 인플루언서 리스크를 기억하자. 우리의 크리에이티브 디렉터에게 주목해야 할 것은 소비나 경험으로만 증명된 라이프스타일이 아니라 오랜 시간 동안 그의 철학과 역사를 바탕으로 완성해온 라이프스타일이다.

효율이 보장되면 인간은 매력을 원한다. 삶의 효율은 충분히 높아졌고, 이제 '매력의 질'을 논할 때가 되었다. 매력의 질을 올리는 것은 시스템이 담보하는 빠름과 간편이 아닌 스타일이 풍기는 감수성과 철학이다. 스타일 앞에 붙을 수식어가 '시크'나 '프렌치' 혹은 '모던' 같은 흔한 단어여서는 안 된다. 우리가 창조할 라이프스타일에 붙을 수식어는 아직 없는 새로운 이름이어야 한다. 그 이름을 만들고 가꾸는 것이 라이프스타일 브랜딩의 전술이다. 그리고 그 전술의 핵심은 브랜드를 인간화하는 것이다.

언제나 또 영원히, '사람'은 브랜드의 중심에 있을 것이다. 고객에 대한 배려, 고객을 위한 맞춤형 서비스도 중요하지만, 이제 우리 브랜드를 대표하는 '사람'을 중심에 놓을 차례다. 그가 좋아하는 것을 사람들이 좋아하게 만들자. 그것이 스스로를 '처돌이'라고 부르며 열광하는 대상을 '손민수하는' 데 거리낌이 없는, 열광 시대 브랜딩의 새로운 답이 될 것이다.

우리의 처돌이를 만들어 손민수하게 하자

제도, 조직, 기업에 대한 신뢰와 호감이 무너지고, 개인에게 신뢰와 관심이 집중되고 있다. 우리가 열광하는 것은 거대 기업이 아닌 '한 명의 개인'이다. 우리 브랜드를 대표하는 것은 모호한 정체성이 아니라 또렷한 라이프스타일을 지닌 개인이 되어야 한다.

소비자의 페르소나가 아니라 셀러의 페르소나가 필요하다

소비자의 취향을 맞춰주는 대신 소비자가 우리의 취향을 따라하고 싶게 만들자. 사람들이 원하는 것을 만드는 게 아니라 매력적인 셀러의 페르소나를 어필하고, 그가 말하는 것을 사람들이 원하게 하자. 매력적인 셀러는 매력적인 라이프스타일을 지닌 사람이며, 매력적인 라이프스타일은 대체될 수 없는 그만의 고유한 철학을 바탕으로 한다.

우리 브랜드가 좋아하는 것을 말하자

인격화된 브랜드에 가장 중요한 것은 그가 좋아하는 것을 말하는 일이다. 다양한 콘텐츠를 통해 우리 브랜드의 라이프스타일을 적극적으로 표현하고 소통해야 한다. 우리 브랜드가 좋아하는 브랜드, 우리 브랜드가 좋아하는 인물, 장소, 음식에 대해 열렬하게 말하자. 그것이 우리 브랜드를 더 매력적으로 보이게 할 것이다.

브랜드보다 사람이 커지는 것을 두려워하지 말자

기업들이 '디렉터'를 키울 때 가장 많이 하는 우려는 '사람을 키웠다가 우리 브랜드보다 더 커지면 어쩌지?' 하는 것이다. 디렉터와의 관계 유지도 기업의 일이며, 브랜드라는 것은 길게 보면 다양한 디렉터들이 거쳐간 결과다. 피비 파일로의 셀린느가 있었다면, 에디 슬리먼의 셀린느에 대한 열광도 분명히 존재한다. 좋은 디렉터들이 긴 시간을 통해 만들어놓은 결과물은 브랜드의 훌륭한 아카이브가 되고, 그것이 곧 브랜드의 자산이다.

큐레이션이 아닌 디렉팅이다

최적화를 통해 선택지를 좁혀주는 것은 '실용'의 영역이다. 열광하는 인물의 '추천'에 공감하고 따라 구매하는 것은 실용이 아닌 매력소비다. 모호한 선택지가 아닌 원픽을 제시해 지갑을 열게 하는 것이 디렉터의 역할이며, 그 원픽의 톤앤매너가 바로 디렉팅이다. 우리 제품에 새로운 아우라를 불어넣어 매력소비를 이끌어내는 완성형 콘텐츠를 제공해야 한다.

팬덤의 시대 :
나는 누구의 엄마도 어느 회사의 고객도 아니다, 나는 그저 무엇을 좋아하는 사람이다

과거 한국사회에서 가장 중요한 정체성은 '국민'이었다. 우리는 대한민국 국민으로서 사명감을 갖고 국가에 도움이 되는 산업역군이 되고자 했다. 소비사회가 되면서 우리의 정체성은 '소비자'가 되었다. 새로운 것을 구입하는 즐거움, 구입할 수 있는 재정적 능력을 갖춘 사람으로서 자신의 정체성을 획득했다. 그리고 이러한 정체성 아래에는 '가족 구성원'으로서의 공고한 정체성이 자리잡고 있었다. 누구의 엄마/아빠로서 우리 가족의 생활을 책임진다는 사명감은 드라마나 영화, 브랜드 광고의 단골 주제였다.

지금은 설령 내가 어느 회사에 다니는 사람, 누구의 엄마/아빠라 할지라도 그 정체성만으로 나를 규정하려 하지 않는다. 나는 누구누구의 팬, 무엇무엇을 좋아하는 사람 혹은 싫어하는 사람으로서 정체성을 갖고 있다. 다시 말해 우리는 팬으로 살아간다.

마케터가 소비자를 인식할 때에도 마찬가지다. 프로모션 행사를 진행한다고 하면 '아기 엄마 모여라'보다는 '○○○을 사랑하는 사람 모여라'라는 행사명이 상대를 더 이해한 표현이다. 설령 행사 참석자 대부분이 아기 엄마라 하더라도 그렇다. 아기 엄마가 올 것을 예상하여 유모차 두는 곳, 우는 아기 달랠 수 있는 공간, 보온병과 따뜻한 물을 따로 준비하면 되지 그들을 '아기 엄마'라 부를 필요는 없다.

이것은 실제다.

A 극장 '엄마랑 아가랑' : 특정 시간대 특정 상영관에 아기를 데리고 입장할 수 있다. 아기를 고려해 완전 암전을 하지 않고 음향도 약간 줄이고 기저귀와 물티슈를 준비한다. 자극적인 영화는 상영하지 않는다. 일반 영화 관람과 같은 값이다.

B 극장 '발코니석' : 특정 상영관에 개인전용 부스 같은 발코니석이 있다. 유리막이 있어 떠들 수도 있고 전용 냉장고에 음료수, 커피머신이 제공된다. 리클라이너에 앉아서 볼 수 있고 다른 사람 방해하지 않고 화장실도 마음대로 다녀올 수 있다. 일반 영화 관람보다 2배 이상 비싸다.

영화는 가장 대중적인 콘텐츠다. 유튜브, 넷플릭스 등 다양한 볼거리가 넘쳐나지만 극장에서 영화를 관람하는 관객수는 줄지 않는다. 하지만 영화를 마음놓고 볼 수 없는 사람들이 있다. 바로 아기 엄마다. 아기를 데려가기에는 아기가 너무 어리고 맡기고 가기에는 영화 관람이라는 명분이 빈약하다. 한때는 아무 제약 없이 극장에 갔지만 이제는 쉽지 않아진 아기 엄마는 앞에서 설명한 A, B 극장 중 어느 곳에 가겠는가?

엄마는 정체성이라기보다 현재 삶의 상태다. 삶의 조건으로 고객을 규정하지 말자. 결혼 여부, 경제적 여유 정도, 성별은 조건이다. 고객은 그 조건으로 불리기를 원하지 않는다. 고객은 나를 이해하고 공감해줄 때 눈을 반짝인다.

이것도 실제다.

생활변화관측소 소모임에서 가장 좋은 내용으로 '넷플릭스, 지상파 역전' 페이지를 꼽으면서 참석자들은 이렇게 말했다.

A 참석자(자동차 회사 홍보실 근무. 여. 20대 후반. 미혼) :

"저도 주말에 넷플릭스만 봐요. 나만 이상한 사람이 아니구나… 싶어서 좋았어요."

B 참석자(신용카드 회사 데이터센터 근무. 남. 40대 초반. 기혼) :

"넷플릭스 초기 유저로서 넷플릭스의 성장세가 반갑습니다."

성별, 나이, 결혼 여부, 직장이 사람을 규정하지 않는다. 그것은 고려할 요인일 뿐이다. 그들을 부르는 이름은 달라야 한다.

"당신은 넷플릭스 팬이시군요. 그럴 줄 알았어요. 찡긋."

2020 트렌드 노트
: 혼자만의 시공간

2019년 10월 18일 초판1쇄 발행
2019년 11월 29일 초판3쇄 발행

지은이 염한결, 이원희, 박현영, 이예은, 구지원, 김정구, 정유라

펴낸이 권정희
펴낸곳 ㈜북스톤
주소 서울특별시 성동구 연무장7길 11, 8층
대표전화 02-6463-7000
팩스 02-6499-1706
이메일 info@book-stone.co.kr
출판등록 2015년 1월 2일 제2018-000078호
ⓒ 염한결, 이원희, 박현영, 이예은, 구지원, 김정구, 정유라
(저작권자와 맺은 특약에 따라 검인을 생략합니다)
ISBN 979-11-87289-72-2 (03320)

북스톤은 세상에 오래 남는 책을 만들고자 합니다. 이에 동참을 원하는 독자 여러분의 아이디어와 원고를 기다리고 있습니다. 책으로 엮기를 원하는 기획이나 원고가 있으신 분은 연락처와 함께 이메일 info@book-stone.co.kr로 보내주세요. 돌에 새기듯, 오래 남는 지혜를 전하는 데 힘쓰겠습니다.